AF554175

M. ROUVIER

ET

LE GÉNÉRAL BOULANGER

DEVANT LE PAYS

PAR

M. DE GRAMMONT

Ancien Sous-Préfet en Basse-Cochinchine
Chevalier de la Légion d'honneur
Et de plusieurs ordres étrangers

PRIX : UN FRANC

PUBLICATION D'ACTUALITÉ

PARIS

DENTU ET Cie, ÉDITEURS

LIBRAIRES DE LA SOCIÉTÉ DES GENS DE LETTRES

GALERIE D'ORLÉANS, 15-17-19, PALAIS-ROYAL

ET 3, PLACE VALOIS

—

1887

M. ROUVIER

ET

LE GÉNÉRAL BOULANGER

DEVANT LE PAYS

M. ROUVIER

ET

LE GÉNÉRAL BOULANGER

DEVANT LE PAYS

PAR

M. DE GRAMMONT

Ancien Sous-Préfet en Basse-Cochinchine
Chevalier de la Légion d'honneur
Et de plusieurs ordres étrangers

PRIX : UN FRANC

PUBLICATION D'ACTUALITÉ

PARIS

DENTU ET Cie, ÉDITEURS

LIBRAIRES DE LA SOCIÉTÉ DES GENS DE LETTRES

GALERIE D'ORLÉANS, 15-17-19, PALAIS-ROYAL

ET 3, PLACE VALOIS

1887

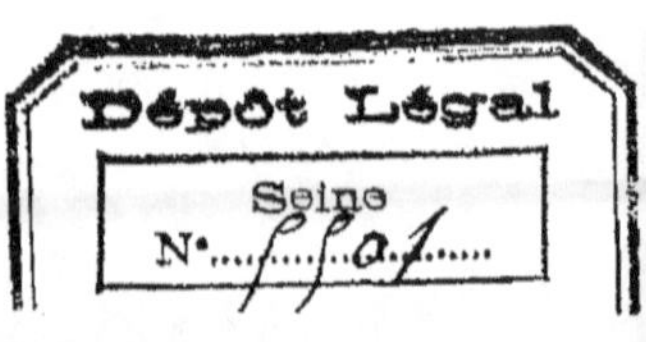

SOMMAIRE

DES MATIÈRES TRAITÉES DANS CETTE BROCHURE

A MONSIEUR LE GÉNÉRAL BOULANGER

Commandant le 13e corps d'armée à Clermont-Ferrand.

Mon Général,

J'ai l'honneur et je prends la liberté de vous prier de vouloir bien accepter la dédicace de cet opuscule patriotique.

Je vous devais cet hommage et ce remerciement pour les efforts que vous avez faits en vue de m'être utile et agréable lorsque, l'automne dernier, vous m'avez recommandé a M. Sadi-Carnot à la suite de plusieurs mémoires considérables que je vous avais adressés sur la défense nationale.

Vous connaissez aujourd'hui, mon Général, ma malheureuse histoire. — Pendant toute ma vie active, on m'a fait travailler comme un cheval... Huit ans de conférences et la matière d'une douzaine de volumes, d'art militaire!... Aussi, lorsque le moment est venu de recueillir le fruit de mes longues études, j'étais exténué et mourant. Mon ancien lieutenant-colonel, le général Hacca qui m'aimait beaucoup, vous le dira comme moi.

En conséquence, si jamais l'occasion se retrouvait et que vous fussiez appelé à un grand commandement actif dans une complication européenne, je serais heureux de servir à vos côtés comme officier de réserve, de l'armée territoriale; c'est, d'ailleurs, d'un bon exemple pour les jeunes!

Outre cette raison morale, il y en a une autre, celle-là technique, que je vais vous dire :

J'ai cherché , ces derniers temps, à me rendre un compte exact du système offensif *remarquable que vous avez, étant*

Ministre, fait adopter dans le règlement de manœuvres de 1885, système qui tient étroitement à la tactique des batailles, s'adapte si bien au caractère français et doit, si je ne me trompe, faire retrouver à nos hommes, malgré le tir à longue portée, les grandes qualités de race, qui les distinguent de toutes les armées européennes.

Eh bien, à la suite d'un examen plus approfondi de ce système, je suis parvenu à en tirer quelques principes nouveaux et plusieurs conséquences que j'estime devoir être décisives dans l'éventualité de rencontres futures. Aussi, ne serais-je pas fâché, le cas échéant, d'en voir faire sur le terrain, sous mes yeux et devant l'ennemi, une application qui vienne leur donner la consécration de la pratique.

Après avoir parlé au chef d'armée, je ne terminerai pas cette dédicace, mon Général, sans adresser quelques mots à l'ancien Ministre de la guerre, qui a été aussi homme politique.

Depuis dix ans que, pour me faire rendre justice d'une mise à la retraite illégale, j'ai dû me résoudre à une infinité de démarches, lesquelles, par surcroît, n'ont pas abouti, j'ai touché plus ou moins à presque tous les hommes politiques en vue, ayant passé au pouvoir ou l'ayant approché.

J'ai trouvé parmi eux de grands esprits, de beaux talents, des hommes distingués, des fortunes considérables, j'ai même trouvé d'honnêtes gens et d'excellents pères de famille. Mais une chose que j'y ai peu vue, ce sont des caractères, c'est là cependant un article qui devrait être plus courant sous un régime comme le nôtre. Et j'ajoute ceci : La probité politique est chose rare, extrêmement rare; c'est une vertu sociale à créer, à développer, elle n'existe qu'à l'état d'embryon.

Par suite et si jamais j'entrais dans cette carrière si discutée, voici la seule chose que je dirais à mes commettants : « Je vous jure de n'être pas plus malhonnête homme dans la « vie publique que je ne l'ai été dans mon existence privée. » Cela n'a l'air de rien et c'est beaucoup!

Voilà la raison principale pour laquelle je me suis, mon

Général, attaché à votre cause; j'ai rencontré en vous ce que je n'avais presque jamais et à un tel degré vu nulle part et chez aucun.

Vous avez de l'âme, ce qui est énorme par le temps qui court et il faut bien croire que cette substance, bien qu'immatérielle, a une chaleur pénétrante et une faculté puissamment communicative, puisqu'elle a rayonné jusqu'aux dernières limites du territoire, et qu'à un moment donné, elle a fait tressaillir l'immense majorité du pays.

Vous avez voulu et vous voulez encore non seulement le relèvement et la grandeur de la France à l'extérieur, mais encore et chez elle l'amélioration du sort des travailleurs, des prolétaires et de tous les déshérités de la vie.

Avec vos qualités et même avec vos défauts, qui n'en a pas? vous êtes essentiellement Français et jusqu'au bout des ongles!

Le pays vous aime comme cela et j'espère pour lui qu'un jour ou l'autre vous serez à même de le payer de retour.

Veuillez agréer, mon Général, l'assurance de tous mes respects et de mon sincère attachement.

DE GRAMMONT,

Capitaine en retraite.

Paris, 16 septembre 1887

AVANT-PROPOS

Bien que ma famille ait pendant plusieurs siècles servi avec honneur la Monarchie aux armées, je me suis rallié aux idées nouvelles depuis la révolution de février 1848, à laquelle j'ai pris, étant au Quartier Latin, une part très active. Dans une lettre imprimée, adressée le 8 mai dernier, au Sr Dauphin, ancien ministre des finances, j'ai exposé les témoignages nombreux de dévouement, que j'ai depuis cette époque fournis à la cause républicaine ; je n'y reviendrai pas.

Cependant, le gouvernement de la République ne m'a fait que du mal, et du mal non seulement en me privant, après dix-sept ans de grade de capitaine et à quarante-sept ans, de la pension de retraite de *commandant*, à laquelle j'avais droit, mais encore en ne me donnant pas depuis une compensation quelconque qui m'était légitimement due.

Mais j'ai l'habitude de rendre toujours le *bien pour le mal*. Ce qui fait que, malgré quelques critiques assez vertes, je reste encore attaché au désir de voir durer la République; à ce premier titre je suis donc déjà *conservateur* de l'ordre de choses établi.

En principe, tout bon citoyen doit soutenir le Gouvernement et le Ministère de son pays. Il ne faut changer l'un ou l'autre ou tous les deux au pis aller, que le moins souvent possible et seulement à la dernière extrémité, c'est-à-dire lorsque, malgré la meilleure volonté, il n'y a plus moyen de faire autrement ; par là encore je suis *conservateur !*

Je le suis enfin pour une troisième raison que voici : même aujourd'hui il y a encore de très bonnes choses à prendre dans le passé et à conserver de lui. On devrait même à ce sujet mieux s'entendre qu'on ne le fait généralement, ce qui veut dire qu'on pourrait déterminer d'une manière plus précise tout ce qu'il y a de bon et d'utile à garder, de manière à ce que, ce premier travail d'élimination opéré, il ne reste plus en présence pour les uns comme pour les autres, que les questions au sujet desquelles il faut absolument et sans conteste marcher de l'avant, innover, rajeunir, simplifier, améliorer. Je suis donc pour ces trois raisons *conservateur* tout d'abord, mais en même temps je suis *socialiste* comme tous les malheureux. La misère en habit noir est la plus terrible, dit-on ; c'est la mienne. On a même écrit à ce sujet un fort joli roman que je vous engage à lire.

Aujourd'hui que les exigences très dures de la vie de tous les jours absorbent les trois quarts de notre temps, l'immense majorité du pays, les électeurs même (voyez les scrutins!) s'occupent peu de politique, laquelle pour les gens de la ville ne se traduit que par la feuille de contributions et pour ceux de la campagne que par le prix de leurs denrées.

Les questions sociales doivent donc fatalement et de

plus en plus prédominer les préoccupations politiques qui sont, elles, moins voisines et moins contingentes à chacun... A défaut d'autre vocable, le mot *socialiste* est celui qui m'a paru répondre le mieux à l'idée que je me suis faite des préoccupations sociales modernes. Les purs sectateurs de cette religion nouvelle me diront peut-être que je ne suis qu'un socialiste à l'eau de rose et au premier degré. Qu'importe ! c'est déjà beaucoup !

S'ils sont sincères et de bonne foi ils verront que ma formule, malgré la restriction qu'elle renferme, est déjà un pas énorme fait dans la voie nouvelle de la science sociale, voie dont la traînée lumineuse et pacifique pour les uns, dangereuse et révolutionnaire pour les autres, circule déjà en longs jets de flamme à travers l'Amérique, la Russie et l'Allemagne, et qui chez nous a déjà donné naissance aux immortels travaux de Le Play et de son école !

Comme je l'ai dit plus haut et pour en revenir à ma formule, les deux termes qui la composent peuvent sembler disparates, à première vue, *hurlant inter se*, mais en y réfléchissant un peu on voit fort bien qu'ils se concilient le plus aisément du monde. Ce n'est pas encore la Monarchie, ce n'est plus déjà le régime républicain proprement dit, cantonné simplement dans la Nation à l'état de parti, d'église nouvelle ou de coterie militante ; c'est une conception peut-être plus large et plus pacifique des intérêts de tous, de tous ceux spécialement, et ils sont encore très nombreux, même les plus nombreux, qui ont besoin de travail parce qu'ils ont besoin de vivre ou qui réclament plus d'aisance, parce qu'ils trouvent qu'ils n'en ont pas assez.

Socialiste-conservateur ! C'est-à-dire encore conservateur, autant que possible, des formes générales politiques de l'État, Monarchie ou République selon le cas et par en haut, tandis que plus bas et sous l'égide d'une autorité fixe, suffisamment respectée, le progrès social reste constant, incessant, continu. En un mot, c'est la double entité d'une part, des classes dirigeantes qui conduisent, et, d'autre part, de la masse subjective à laquelle s'appliquent les réformes et le progrès social. En langage moins transcendant et pour rendre ma pensée plus claire encore, je dirai qu'à mon sens la forme politique n'est guère que le vase, le contenant, le véhicule, c'est-à-dire *l'accessoire*, tandis que la matière sociale est le contenu à élaborer, c'est-à-dire le *principal* quant au fond.

On peut admettre, il est vrai, que telle forme politique se prête mieux que telle autre aux manipulations diverses auxquelles donne lieu l'étude et l'application de la question sociale. En effet, mais c'est justement à cause de cela qu'il faudrait que le Gouvernement républicain prît garde à une chose fort essentielle que voici :

Les fautes nombreuses qu'il a commises depuis seize ans, *l'arrêt social* qui peut en être la première conséquence, comme je le démontrerai plus tard, pourraient arriver à porter dans les meilleurs esprits cette conviction nouvelle, à savoir, que ledit progrès social serait peut-être indépendant de la forme politique même.

J'en causais un jour avec M. Edouard Hervé, qui n'est pas loin d'accepter cette manière d'envisager les choses. Seulement, lui y apportait une variante ou une pensée complémentaire en disant que la forme monarchique arrangée suivant les idées modernes lui semblait devoir se prêter mieux que toute autre au véritable progrès de l'idée sociale. C'est aux républicains du jour à prouver qu'en cela l'honorable académicien se trompe : bien des faits semblent jusqu'ici lui avoir donné un peu raison.

En effet, j'ai posé en principe plus haut qu'il y avait lieu d'établir aux débuts de la République une distinction fondamentale entre les choses qui doivent progresser et celles qui jusqu'à nouvel ordre et sans graves inconvénients peuvent rester en l'état. Or, depuis dix-sept ans et malgré le régime républicain sous lequel nous vivons il est arrivé ceci, c'est que, pour ne pas s'astreindre à la fatigue de cette double étude, les différents partis politiques qui ont tenu successivement le pouvoir ont trouvé plus commode d'accueillir avec une désinvolture extrême, en les traitant de théories décevantes, de conceptions vides ou d'utopies irréalisables, les trois quarts des propositions de réformes, qui leur étaient faites, à seule fin de s'en débarrasser ainsi et de jouir paisiblement de la toute-puissance ni plus ni moins que leurs devanciers monarchiques. En un mot, beaucoup ont joui en simples parvenus, d'autres ont fait preuve d'une inexpérience complète, certains ont montré un égoïsme électoral qui n'avait jamais été atteint, presque tous enfin ont gaspillé outre mesure les deniers publics et l'on sait où cela nous a menés.

Un père de famille, qui aurait administré son patrimoine comme ont fait de nos budgets les hommes qui gouvernent depuis huit ans, serait aujourd'hui interné à Charenton sinon à Mazas. C'est au milieu de ces réflexions diverses que la personnalité et l'énorme popularité du général Boulanger s'étant produites, j'ai pensé que lui peut-être, lui dont je connais les idées, les principes et les sentiments, pourrait mieux faire que ses prédécesseurs et, collaborant ainsi avec ceux d'entre eux venus à résipiscence, arriverait sans doute à réparer les lourdes fautes commises depuis quelques années.

C'est là tout d'abord ce qui m'a rattaché à la République : il y a encore une autre raison dont l'exposé est une véritable confession politique. En effet, et, bien que républicain ardent depuis trente-huit ans, j'allais, butté et découragé, passer avec armes et bagages dans le camp opposé et briser définitivement l'idole de ma jeunesse lorsqu'un sentiment de conscience, une conviction, un scrupule sont venus me retenir encore sur le bord du régime républicain actuel, voici comment :

M'étant adressé à plusieurs personnages monarchistes de marque, personnages dont je citerai les noms à la première réquisition qui m'en serait faite, pour obtenir d'eux, d'un côté qu'aux élections de 1885, la *question sociale* fût mise en tête de leur programme et d'un autre côté, pour que le titre de *Monarchie démocratique et sociale* fût dorénavant inscrit sur leur drapeau, je n'ai été honoré d'aucune réponse, soit que ces exigences ou formules aient été répudiées, soit que l'on m'ait considéré comme un facteur absolument négligeable.

Puisse tout d'abord ce léger aveu être de quelque intérêt politique! Puisse-t-il calmer un peu et retenir les hésitations ou l'impatience de ceux qui commenceraient à douter de la vitalité et de la durée du régime républicain! Puisse-t-il surtout imprimer aux différentes fractions libérales qui s'entre-déchirent, un peu plus de sagesse, d'esprit de concorde et d'union!

Après cette première expérience je m'avisai de conclure autre chose, c'est que les questions sociales, bien qu'elles aient pris une importance considérable depuis quelques années, n'offraient pas grand intérêt aux yeux de messieurs les monarchistes tandis qu'au contraire le général Boulanger, qu'on dit très attaché à ces idées, aime le peuple comme il en est aimé.

C'est pour ce motif que j'ai vu avec une peine profonde la scission politique qui s'était produite entre le Gouvernement et l'ancien Ministre de la guerre, et je l'ai vue avec d'autant plus de peine que cette scission a eu lieu au moment même où la voix publique se prononçait pour le Général non seulement à Paris mais encore en province et dans la province la plus éloignée.

En regard de ce nouvel et regrettable état de choses, peut-être aurai-je répondu à un fait d'intérêt public, à un besoin de l'opinion, à l'état général des esprits, si je réussissais à démontrer dans les lignes qui vont suivre, ceci, à savoir, que cette scission est un malentendu plutôt que toute autre chose, que ce malentendu n'a eu pour base que des présomptions dont tout, absolument tout a depuis fait ressortir l'absurdité et l'inanité, que par conséquent cette scission est parfaitement regrettable, à tel titre que les deux termes qui la représentent et qu'on dit opposés ou incompatibles pourraient très bien tout au contraire se concilier aisément pour le plus grand intérêt du pays et le salut même de la République!

C'est dire assez que je considère aujourd'hui la cause du général Boulanger comme liée intimement et identifiée non seulement à celle de la nation elle-même mais encore à la conservation du régime politique actuel. Ce point de vue élargit singulièrement la question qui va s'agiter sur sa personne. Mais c'est précisément pour cette raison que je n'ai pu m'expliquer ni comprendre les attaques misérables et immondes dont il avait été l'objet, les calomnies infâmes dont on l'avait abreuvé lâchement et à distance.

Je me trompe, oui, je les ai comprises, en ce sens que si par hasard j'avais pu croire à une illusion d'optique au sujet de l'opinion que je m'étais faite du général, ces attaques en batailles rangées me démontraient clairement que j'étais dans le vrai et que je voyais juste. Elles ont fait ressortir à mes yeux d'autres tristes vérités et celle-ci, entre autres, à savoir, que l'esprit de parti est encore profondément enraciné dans notre malheureuse France.

Jamais je n'eusse pensé que la passion politique pût engendrer de pareilles choses.

Tant de fiel entre-t-il dans l'âme... des partis!

Et l'on ne veut pas après cela introduire dans la mêlée et prendre une attitude de combat? On ne veut pas qu'on traite en adversaires des hommes qui ont poussé à l'égard du Général le sarcasme et l'insulte plus loin même que les Allemands de Cologne? et nous nous étonnons encore que nous finissions par passer pour des fous ou des agités!

Voilà, par exemple, un journal, le *Soleil*, qui est la feuille à cinq centimes la plus considérable, journal qui est très lu, très estimé, très modéré, toujours correct, qui s'en va dans je ne sais plus quel article faire une horrible macédoine de Pranzini, de mademoiselle Sabatier et du général Boulanger! n'est-ce pas purement atroce? et tout cela, pourquoi? je vous le demande, parce que les monarchistes sentent fort bien que tant qu'on parlera du général Boulanger, le public reléguera au deuxième plan M. le comte de Paris et les différents princes impérialistes!

Un sénateur dont MM. Rochefort et Laisant vous diront le nom et qui sans doute se repaît pendant les séances du Luxembourg, de la lecture de la vie des empoisonneurs célèbres, n'a-t-il pas été jusqu'à souhaiter qu'on mît de la *mort aux rats* dans la tasse de café du Général? Un journal, je ne sais plus lequel, lui a fait un crime de s'être montré au *Chat Noir*, un soir, la veille même du jour où l'on croyait à une déclaration de guerre de la part de l'Allemagne! Eh bien, si le fait est exact, je le trouve, moi, tout bêtement admirable. Après quinze heures de travail et aux approches d'éventualités aussi graves, avec une responsabilité aussi effroyable, avoir trouvé quelques minutes pour se montrer dans Paris et y rassurer les esprits inquiets, par un visage souriant et tranquille, c'est là une force d'âme peu commune. C'est du Turenne dormant sur l'affût d'un canon ou Jean-Bart sur un baril de poudre! Celui qui a su se posséder dans un pareil moment ira loin si Dieu lui prête vie! J'en passe et de plus fortes.

Voyons cependant encore, et avant de terminer cet avant-propos, le dernier trait que voici : en rappelant la Commune de 1871, on a été dernièrement jusqu'à blâmer le général Boulanger d'y avoir accepté la croix de Commandeur, des mains du général de Ladmirault. Si cette nouvelle histoire pouvait comporter un reproche, il est clair que la faute n'en serait pas au Général, mais remonterait plutôt au Gouvernement même, lequel, à cette époque et selon le point de vue auquel on se place, *devait* ou ne *devait pas* prendre l'initiative de récompenses en faveur de l'armée de Paris. Il faut donc mettre encore au panier cette insinuation malveillante, et voir les choses de plus haut.

Selon moi, plus ou moins socialiste, mais patriote avant tout, j'estime que l'insurrection de 1871, faite devant l'ennemi, est le *plus grand crime* de lèse-patrie, qui ait jamais été commis, et je n'ai jamais compris qu'un homme comme Rochefort, homme de cœur entre tous et d'infiniment d'esprit, ait pu donner dans le panneau ou le guêpier communal. Les revendications quelconques que comportait ce mouvement formidable eussent-elles été mille fois légitimes, que le moment où elles se sont produites les frappait, à l'origine, de déchéance complète! *Non erat hic locus!* Mais encore étaient-elles légitimes? Je vais y répondre: on cherche aujourd'hui à reproduire ces vieilles aspirations en se servant de l'euphémisme d'*autonomie communale*. Comme ces velléités se montrent pacifiquement, on peut les discuter de même. Eh bien! je dis hautement que ces prétentions municipales n'ont, tout d'abord, rien qui puisse les assimiler à l'un des côtés de la question sociale; elles constituent simplement pour moi un cas d'*aberration mentale*.

Dans un pays aussi centralisé que le nôtre, et tant que tous les pouvoirs publics seront réunis dans la capitale, la ville de Paris, si riche, si grande, si démocratique qu'elle soit, ne peut être, ne sera qu'une *ville de gouvernement*, ville où l'autorité gouvernementale doit avoir ainsi la prédominance *absolue*. En province, c'est tout autre chose, et je dis même que les idées de décentralisation communale, que vient de développer le commandant Marmier au Conseil général de Périgueux, sont excellentes et auront un grand retentissement dans le pays.

Mais à Paris, non! placez la machine du Pouvoir central à côté de celle de Marly ou à Meudon, alors je serai de votre avis.

Malheureusement et dans ce cas l'on sait ce qu'il arrive : Paris ne veut plus seulement s'administrer lui-même, mais encore le reste de la France! On l'a bien vu en 1871!

En revanche, Paris a, vis-à-vis le Gouvernement, *plusieurs droits* imprescriptibles dont on n'a jusqu'ici pas *assez* tenu compte; j'y reviendrai à propos du Métropolitain et de la question des travaux publics en général.

On me dira encore : « Mais vous n'admettez donc jamais les *révolutions?* » Si fait, je les admets tous les deux ou trois cents ans. D'abord, elles deviendront de plus en plus rares, par suite de l'exercice du suffrage universel. Dans la vie des Nations, il y a de ces moments qui, comme les comètes, reviennent à longs intervalles, et où les pouvoirs publics sont devenus tellement sourds, tellement aveugles, tellement impuissants qu'il n'y a plus qu'une chose à faire, c'est de taper dessus et de les mettre à la porte. Était-ce bien le cas au mois de mars 1871? Non, mille fois non! Donc, le général Boulanger ne peut être rendu responsable de la récompense qui lui a été donnée à ce moment. Les guerres civiles sont, certes, ce qu'il y a de plus triste au monde, même quand elles tournent bien. Au point de vue philosophique et humanitaire, peut-être aurait-on mieux fait de ne donner *aucune* récompense au sujet d'une collision aussi lamentable; mais puisque cette même récompense lui était offerte, le Général a bien fait de l'accepter : ce qu'il fallait démontrer!

De Grammont.

Ce 16 septembre, dernière heure.

J'allais signer mon avant-propos, lorsqu'il me tombe sous les yeux la nouvelle instruction de M. le comte de Paris au parti royaliste. J'attendais ce document qui donne pleinement raison à ma brochure, venue à son heure... Les masques tombent... Le mouvement se dessine déjà ! On en verra bien d'autres aux élections !

Je le reconnais d'ailleurs, cette pièce contient d'excellentes choses que nos républicains feront bien de méditer. Il y a même une allusion discrète à la question sociale. Seulement M. Edouard Hervé ajoute qu'il a été grondé pour avoir dit que la monarchie serait démocratique ou qu'elle ne serait pas. Que lui aurait-on dit si, comme moi, il avait demandé la monarchie démocratique et sociale ?

On nous propose un sauveur et un gouvernement de réserve. Je ne dis pas non, si par hasard les choses n'allaient pas mieux d'ici quelques années. Il est bon d'avoir plusieurs cordes à son arc ! La monarchie a duré 1.600 ans ; elle a fait de grandes choses, mais aussi que d'erreurs ! La république n'existe que depuis 16 ans ; elle a donc jusqu'ici vécu 100 fois moins. 16 ans ! une seconde dans la vie d'un peuple ! Ne peut-on pas encore poursuivre l'essai pendant quelque temps ? Au moins on en aura le cœur net. Beaucoup de fautes ont été commises dans une période assez courte ; mais l'on s'en est aperçu assez tôt, je l'espère, pour y remédier.

Il y a, par exemple, dans le document royal (et c'est vraiment dommage!) une insinuation contre laquelle je proteste comme patriote, parce que depuis quelques jours elle se discute dans la presse monarchiste. Il y est dit en effet que la monarchie peut seule donner à la France et en Europe assez d'autorité pour traiter avec les puissances et contracter des alliances. Ce qui veut dire à mots couverts que si nous avions la guerre, nous ne pourrions compter sur l'aide de la Russie que si notre pays était revenu au régime monarchique. Je prends cet exemple parce qu'il est d'actualité.

Eh bien! je dis, moi, que ces déclarations sont de tous points regrettables. Est-ce que chaque Etat n'est pas libre de se donner le gouvernement de son choix sans être pour cela obligé de consulter ses amis et connaissances? Est-ce que tel ou tel gouvernement peut diminuer en quoi que ce soit les sympathies que deux peuples éprouvent l'un pour l'autre? Est-ce que la Russie a jamais trouvé mauvais que l'Amérique et la Suisse, par exemple, se soient constituées en république, si cela leur a plu? Il ne faut pas pousser l'esprit de parti au delà des frontières, il nous fait déjà assez de mal chez nous!

Que les monarchies qui ont affaire à nous désirent nous voir un gouvernement suffisamment fort, bien assis et respecté, je l'admets. C'est à la République à montrer qu'elle peut encore être ce gouvernement!

Je reviendrai sur le manifeste à la fin de ce travail.

De Grammont.

DERNIER ÉCHO

DU

DISCOURS D'ÉPINAL

RÉPONSE D'UN SIMPLE ÉLECTEUR A M. JULES FERRY.

Paris, le 28 juillet 1887.

MONSIEUR,

Il y a quelques jours, à Epinal, à deux pas de la frontière et des baïonnettes allemandes, en qualifiant le général Boulanger de « *Saint-Arnaud de Café-concert* », vous avez gravement outragé deux hommes qui ne pouvaient vous répondre, l'un parce qu'il est mort ayant en partie racheté ses fautes politiques en mourant devant l'ennemi et au lendemain d'une grande victoire; l'autre, parce que, après avoir été pendant vingt-cinq ans un soldat intrépide et pendant deux ans un ministre de la guerre incomparable, il reste aujourd'hui le militaire soumis, esclave de son devoir et de la discipline.

Ce que vous avez dit d'eux est donc bas, odieux, faux, d'ailleurs, et injuste; et, comme faisant parti du corps électoral je vous le dis devant la nation qui vous hait, la République qui vous repousse et le Gouvernement actuel que vous avez compromis.

Il y a quelques mois à peine, le même Général a été, en sa qualité de chef suprême de l'armée française, brûlé *en effigie* dans les rues de la ville de Cologne. Si donc aujourd'hui et parmi nous des outrages identiques, pires même, lui sont adressés, il faut nécessairement que de ces deux groupes d'insulteurs, allemands et français, il y en ait au *moins un* qui se trompe et qui a tort; d'où je conclus que les premiers sont les ennemis de la République *au dehors* et les seconds, dont vous faites parti, les adversaires de la République *au dedans.*

L'homme que vous avez accablé de vos sarcasmes a eu l'insigne honneur et la rare bonne fortune de faire trembler, reculer, hésiter tout au moins, la puissante Allemagne, chose qui n'est pas facile à l'heure qu'il est; il nous a épargné ainsi une guerre effroyable et rendu au pays *un immense service.* Et pour ne nous avoir coûté ni un écu, ni une larme, ni une goutte de sang, ce service pour moi n'en est pas moins glorieux entre tous et je le place à mille piques au-dessus de ceux que votre passage néfaste aux affaires a pu valoir à notre malheureuse patrie!

Car c'est vous, Monsieur, et pour la plus grande part, qui avez oublié l'Alsace et la Lorraine, accru notre dette de cinq milliards de travaux publics électoraux, abandonné l'Egypte à l'Angleterre, usé notre flotte, exténué notre armée coloniale ou algérienne et finalement par le Tonkin ou avec le choléra asiatique semé des deuils innombrables sur toute la surface du territoire!

Vous avez justement flétri ceux qui ont fusillé nos généraux pendant la Commune de 1871; mais n'en êtes-vous pas un peu la cause? Car, si j'en crois un document publié par les *Nouvelles de Paris* (nº du 31 juillet dernier), c'est vous, Monsieur, qui, comme maire de Paris, avez empêché qu'on ne fusillât, le 23 janvier 1871, devant l'Hôtel de ville et séance tenante Ferré, Assi, Cérisier, Ballamet, Billaudel, Raoul Rigault, Blanqui, pris tous les armes à la main, par le général Vinoy. Naturellement vous les avez retrouvés au mois de mars 1871!

Les derniers crédits votés pour le Tonkin qui nous coûte

déjà plus de cinq cents millions, n'avaient réuni, vous vous en souvenez, que cinq voix de majorité. Votre manière de penser relativement à ce pays est donc loin d'être partagée par tout le monde, pas même par M. le chef du cabinet actuel puisqu'il vient de réduire de dix millions, somme considérable pour un budget de quarante, les dépenses afférentes aux protectorats de l'Extrême-Asie. Dans un mémoire récent je n'avais, moi, proposé qu'une réduction de cinq millions.

Par vos crédits scolaires hâtifs, inconsidérés, exorbitants, vous avez fait déserter les campagnes, abandonner l'agriculture, grandi ainsi dans une proportion effrayante et qui monte tous les jours, l'armée des déclassés, de la paresse, du vice, du crime ou de l'alcoolisme, armée antinationale que M. Cornely nommait plaisamment, il y a quelques jours, les *nihilistes français*. De là et en y joignant les charges de toutes sortes, que nous suons par tous les pores et la surélévation non interrompue des impôts qui nous accablent, les crises désastreuses et diverses que nous traversons !

Vous avez raillé le patriotisme bruyant et le soi-disant monopole que quelques-uns paraissent vouloir s'attribuer dans l'espèce. Mais, ne savez-vous pas, Monsieur, et le président du Conseil vous le disait lui-même dernièrement à la tribune, en fait de patriotisme comme en matière de démocratie, il faut toujours de jeunes avant-gardes, lesquelles montrent au corps de bataille, qui est ici la nation, les voies lumineuses de l'avenir et réconfortent les générations quelquefois assoupies qui les suivent, résumant ainsi en elles et pour les décupler les idées de patrie, qu'elles exaltent et les forces latentes que ces idées mêmes recèlent dans leurs flancs?

Ces patriotes d'un nouveau genre, dites-vous, parmi lesquels je place en première ligne le général Boulanger, ce sont ceux-là mêmes qui, au moment précis où le prince de Bismark déclarait en plein Parlement que le

Septennat, c'était la guerre, ce sont eux, dis-je, qui ont su tout à coup remuer la fibre nationale, retrouver l'âme du pays et réveiller l'esprit de fierté, inhérent à notre race. Et cela à une puissance si haute, à une intensité telle que si effectivement la guerre nous eût été imposée à cette époque ou qu'au pis-aller nous l'eussions déclarée nous-mêmes, l'élan donné eût été magnifique, la poussée irrésistible et la victoire presque certaine !

Peut-être est-ce dommage qu'on ne les ait pas écoutés alors ! Aujourd'hui il est trop tard ! c'est pourquoi j'ai compris à *la rigueur* (1) que le général Boulanger ne soit pas rentré dans le nouveau Ministère. Un pays qui a une dette de trente-cinq milliards ne peut guère raisonnablement prendre l'initiative d'une rencontre aussi formidable, laquelle, même heureuse, nous réduirait à la banqueroute et à une misère générale. Mais par contre, nous pouvons toujours être attaqués, d'où il suit qu'il eût été bon et juste que le général Boulanger ait été placé à Nancy et non à Clermont-Ferrand. Car de cette manière, nous ne paraissions pas avoir reculé et le sentiment national en eût ressenti une satisfaction profonde ; c'est peut-être la seule faute que le gouvernement ait commise à cette époque.

Je viens de dire que nous pourrions quelque jour avoir à nous défendre à nouveau ; mais pour cela il faut aujourd'hui de grosses armées, de l'argent encore et même beaucoup d'argent. Rappelez-vous le trésor de guerre des caves de Potsdam et de la citadelle de Spandau ! — Voilà pourquoi, et malgré l'incident Boulanger, je m'étais rallié sans rancune ni arrière-pensée au Gouvernement qui a fait le serment solennel de restaurer nos finances, celles-là même que vous, monsieur Ferry, vous avez gaspillées aux quatre coins du pays et dans l'Extrême-Orient. C'est même en faisant allusion à cet espoir attendu de tous,

1. J'ai changé d'avis à cet égard depuis que ces lignes ont été écrites. Je dis pourquoi dans la suite de cette brochure.

que j'ai dit : « Ce ne sera peut-être pas toujours de la con-
« centration républicaine proprement dite, mais à coup
« sûr ce sera de la concentration nationale, ce qui est
« encore mieux. — Ce ne sera pas la *Trêve de Dieu*,
« comme on disait autrefois, mais ce sera une *trêve finan-*
« *cière* pour laisser respirer la Nation qui succombe sous
« le poids d'un passif effroyable ! »

Au point de vue politique, tenez pour certain, Monsieur, et c'est moi simple électeur qui vous le dis, le prévois et le crains : Vu les fautes énormes accumulées depuis dix ans par le régime républicain, deux seuls atouts lui restent dans les mains pour les élections de 1889 contre la monarchie future du Comte de Paris. Le premier est la réforme budgétaire et fiscale de M. Rouvier, s'il a le courage de la vouloir et la force ou le temps de l'accomplir ; le second, c'est la popularite du général Boulanger, parce que, le pays le sachant attaché sincèrement à la forme républicaine, c'est sur son nom et à cause de lui que beaucoup voteront encore pour Elle.

Sans ces deux nouveaux et derniers facteurs, croyez bien que c'en est fait à tout jamais du troisième essai. Les monarchistes, cachés depuis deux ans sous le masque conservateur, le savent parfaitement bien et c'est même pour ce motif qu'ils ont réussi à éloigner le Général et qu'aujourd'hui encore ils cherchent à l'accabler. Mais les républicains qui se joignent à eux pour cette vilaine besogne ont un bandeau sur les yeux et ils se déchirent à eux-mêmes leurs propres entrailles !

A la fin de votre harangue et parlant des pouvoirs publics dont vous avez fait au reste une peinture assez peu rassurante pour un homme qui s'en prétend l'ami, vous mentionnez nos discordes intestines, le fractionnement des partis, la faiblesse ou l'absence d'autorité et je ne sais, dites-vous, quelle apparence d'anarchie gouvernementale et politique.

Avez-vous donc un remède, vous, Monsieur, pour nous

sortir de là ? Moi, je n'en vois qu'un et le voici : l'homme qui a barré la route aux Allemands en 1887 et qui aura en 1889 largement contribué à prolonger l'existence de la troisième République, cet homme, dis-je, qui aime le peuple et qui en est aimé, qui a réconcilié l'armée et la nation et prouvé que la première émane de la deuxième, cet homme, dis-je encore, arrivera en 1890 à la magistrature suprême du pays, en 1890, — peut-être même *avant*, mais *pas plus* tard, — pour nous refaire un gouvernement et nous permettre, une fois nos dettes les plus criardes payées, de reprendre la marche en avant, du progrès social et de la démocratie pacifique.

Mais soyez sans crainte ! il y arrivera correctement, légalement et toujours gardien respectueux du pacte constitutionnel fondamental. J'espère donc qu'il deviendra pour le bonheur du pays un Cavaignac, peut-être même un Washington ; mais lui qui ne rêve que le relèvement et la grandeur de son pays, jamais, jamais, entendez-vous, il ne sera un *Saint-Arnaud politique* ; d'ailleurs il l'a déjà prouvé et je l'établirai dans la suite de cette brochure.

Voilà une solution, Monsieur, et si par hasard celle-là ne vous plaît pas, vous avez, d'ici l'année 1889, tout le temps possible d'en trouver une meilleure. Mais franchement, et entre nous soit dit, je vous conseille de laisser, le cas échéant, ce soin à d'autres. Car, vous êtes politiquement un homme *fini*, *bien fini*, *archi-fini* !

La popularité du Général, vous offusque, bien qu'elle puise son origine dans des sentiments de reconnaissance de la Nation, sentiments auxquels vous auriez dû vous associer au lieu de leur prodiguer votre fiel haineux. Vous accusez les autres d'être *bruyants*, mais vous, ne l'êtes-vous pas davantage avec vos longs et fréquents discours ? Vous aurez beau vous battre les flancs, vous n'y arriverez jamais à cette popularité; vous n'aboutirez tout au plus qu'à l'exécration !

Tenez! cependant, il y a encore en France des âmes

charitables, bien que douloureusement frappées dans leurs enfants, qui vous eussent peut-être pardonné le Tonkin, mais ce qu'elles ne pourront jamais oublier, c'est que vous ayez manqué d'esprit à l'occasion de la visite du roi d'Espagne.

En effet, lorsque ce jeune monarque a été nommé colonel de uhlans par l'empereur d'Allemagne, vous n'aviez qu'une chose bien simple à faire, c'était de rendre à Guillaume la monnaie de sa pièce, en décernant à votre royal hôte le titre honoraire de colonel de l'un de nos régiments de cavalerie en garnison à Nancy. Les Parisiens auraient jubilé, la France aurait ri, et du même conp, vous y gagniez une popularité qui, ce jour-là, vous a échappé sans espoir de retour et qui aujourd'hui vous fait mal au cœur chez un autre. Peut-être y avez-vous pensé, mais voilà! vous ne pouviez pas, ayant imploré l'appui de l'Allemagne pour aller au Tonkin. Après avoir manqué d'esprit, vous manquez aujourd'hui de... comment dirai-je? d'héroïsme, si vous voulez, il ne fallait plus que cela pour achever de vous couler!

On a beaucoup parlé, depuis quelque temps, des excès de zèle des amis du Général. Mais vous, Monsieur, comme ami du Gouvernement, vous les avez dépassés de cent coudées, et si avec cela vous avez parlé avec l'assentiment tacite du Ministère, il faut reconnaître que ce même Gouvernement a eu une inspiration malheureuse en usant cette fois encore d'un concours aussi ébréché que le vôtre!

La faute initiale commise à l'égard de l'ancien ministre de la guerre se trouve donc aujourd'hui doublée, aggravée de toutes celles dont le commandant du 13e corps a été l'objet et parmi lesquelles votre maladresse est la plus forte.

On a voulu tuer le Général dans l'opinion, on n'a fait que l'y affermir. On a cru nuire à sa popularité, on l'a admirablement servie. Le Général en profite et le cabinet y perd ; vous êtes à ce dernier sa *robe de Nessus*, il en mourra (1).

Tout cela est fâcheux pour lui et ne lui rendra pas sa tâche plus facile. Pour moi, je le regrette profondément, m'étant présenté depuis la crise avec l'attitude conciliante, assez originale, et, d'ailleurs, tout à fait conforme à ma démonstration d'aujourd'hui et au titre de ma brochure, à savoir, d'un électeur dévoué à la fois à la cause du Gouvernement comme à celle du général Boulanger. En face des menées monarchiques hautement avouées, je crains qu'on ait brisé en sa personne un instrument précieux. Le mal est-il irréparable ? Je ne le pense pas ; car, sans cela, je n'eusse pas fait paraître ce travail.

Finalement et en ce qui concerne l'épouvantail du radicalisme et les exigences de la question sociale, j'espère dans le patriotisme de ceux qui y sont les premiers intéressés pour espérer d'eux qu'ils sauront attendre leur heure. Ce danger est donc moins immédiat que l'autre ; il n'est pas irréductible, si on sait y faire la part du feu, ce que je traduirai en citant ici le mot de je ne sais plus quel personnage politique : « A quoi bon chercher à préserver les écuries lorsque la maison brûle ? »

J'allais, Monsieur, terminer cette lettre, déjà un peu longue, lorsqu'il me tombe sous les yeux la deuxième harangue que vous venez de prononcer comme président du Conseil général, harangue dans laquelle vous insultez les Parisiens au lendemain presque du jour où vous avez outragé le Général.

La forte leçon que vous avez reçue de lui ne vous a pas suffi, paraît-il, à si petit intervalle ! Vous êtes donc incorrigible ? Vous n'aimez pas les soi-disant Césars, vous persiflez le radicalisme d'exportation parisienne ; qu'aimez-vous donc ? Croyez-moi, il faut changer de langage, de

1. La fin même de cette lettre, écrite le 16 septembre, rectifie sensiblement cette assertion.

thèse et d'attitude. Au lieu de semer la division, prêchez la concorde : il ne s'agit que de savoir s'y prendre et s'en servir, art que vous ignorez complètement.

Aujourd'hui 16 septembre, je termine cette lettre, commencée le 28 juillet. Il ressort du discours prononcé le 18 août, à l'hôtel Continental, que vous avez été implicitement désavoué. Vos éloges ne vous ont donc pas été payés de retour ; vous pouviez éviter cette avanie en restant une fois muet sur les faits d'une politique générale dont vous ne goûterez plus les fruits amers.

J'ai l'honneur de vous saluer.

UN ÉLECTEUR,
DE G...

LETTRE A M. LE DIRECTEUR POLITIQUE DU JOURNAL LE *MÉMORIAL DES VOSGES*

9, RUE AUBERT, A ÉPINAL

Paris, 28 août 1887.

MONSIEUR,

Ayant reçu un numéro du *Mémorial des Vosges*, celui du 10 août, dans lequel veus éreintez le général Boulanger, j'allais vous répondre lorsque j'ai appris qu'à la suite des incidents qui ont eu lieu au théâtre d'Epinal, lors de la conférence de M. Dreyfus, vous veniez de vous battre avec un avocat de Rouen, dont le nom m'échappe aujourd'hui.

Bien que nous soyons adversaires politiques et que je prise peu le duel, comme vous le verrez ci-après, je ne puis que rendre hommage à votre caractère. Vous joignez la démonstration aux principes, l'acte aux paroles, en un mot, vous payez de vctre personne; vous méritez donc l'estime des braves gens, bien que vous défendiez une cause aujourd'hui perdue, cause que vos efforts, vos convictions mêmes ne pourront ressusciter.

Comme beaucoup de personnes dans la Presse et dans le grand public, vous vous êtes demandé, et sans pouvoir le découvrir, pourquoi les conditions de rencontre imposées par le général Boulanger à M. Jules Ferry avaient été beaucoup plus dures que celles du duel Lareinty. Il y a à cela plusieurs raisons qui ont échappé à votre perspicacité et que je vais vous dire.

Dans le premier cas, le général Boulanger avait été insulté comme homme seulement : dans le second, il a été outragé comme militaire et comme personnage politique; l'incident Ferry était donc trois fois plus grave.

En second lieu et tout bien examiné, M. Jules Ferry a voulu, non pas précisément, si vous voulez, insulter le Général, mais plutôt le tuer moralement *dans l'œuf*, comme chef présumé et futur d'un parti politique, rival du sien. En lui rendant la pareille, le Général, de même a eu peut-être pour objectif, moins d'égorger son adversaire que d'arriver à le faire disparaître politiquement et il y est arrivé par *ses conditions* et en le laissant soupçonner de ...., ce qui ne peut se pardonner en France.

Enfin, et il faut avoir la franchise de le dire, le duel est une chose foncièrement absurde, s'il n'est pas pratiqué comme en Amérique, c'est-à-dire *œil pour œil, dent pour dent*. Dans l'espèce, chacun a le droit, devrait avoir le droit de se défendre comme il l'entend et comme il peut. Le tigre se défend avec ses griffes, le lion avec sa terrible mâchoire, le serpent avec son venin, le journaliste avec sa plume, l'avocat avec sa parole, le militaire enfin avec son courage, c'est là précisément ce qu'a fait le général Boulanger.

Avec des conditions aussi sévères et qui, je l'espère, feront école, les duellistes ou insulteurs de profession deviendront de plus en plus rares, sachant désormais à quoi ils s'exposent, et, s'il en est ainsi, le Général, déjà si populaire, aura, de ce chef, droit à la reconnaissance de tous ses contemporains. Et cela pour avoir contribué à faire diminuer, dans une large mesure, la fréquence d'une pratique très contestable, qui, en définitive, ne prouve rien, au point de vue des raisons pour lesquelles on s'y résout, et que le cardinal de Richelieu, malgré sa toute-puissance et ses édits de mort, n'avait pu déraciner de nos mœurs.

Si M. Jules Ferry avait été l'insulté, j'aurais admiré sa grandeur d'âme, mais puisqu'il se trouvait dans la situation contraire et en attendant qu'on ait institué à cet effet des arbitrages, des tribunaux d'honneur ou des cours suprêmes il devait se soumettre aux propositions qui lui étaient opposées, quelque rigoureuses qu'elles fussent. Vous répondrez que c'est absurde, j'en conviens; mais jusqu'à nouvel ordre c'est comme cela. Le duel est défendu virtuellement par les lois; or, je n'admets pas qu'on vienne réglementer une chose qui n'est pas *légale* dans le sens strict et je trouve irrationnel qu'un tribunal français comme celui de Grenoble, par exemple, dans l'affaire Naquet, aille s'enquérir de la *correction* d'une chose qui est punissable en soi, même pratiquée le plus honnêtement du monde; c'est renversant d'illogisme.

Au point de vue humoristique, car il faut bien rire un peu, ces rencontres tout à fait graves entre chefs de parti ne sont pas faites pour me déplaire, et si ces combats singuliers pouvaient devenir à la mode j'y verrais une grande simplification pour les batailles parlementaires futures ainsi que pour les luttes sociales de l'avenir. Ce serait une application moderne du *Combat des Horaces*, laquelle épargnerait, à l'occasion, bien du sang généreux.

En effet, de 1790 à 1793 chaque parti politique arrivé au Pouvoir s'empressait, comme vous le savez, de faire couper la tête à ceux qui l'avaient précédé dans la carrière. Si donc, nous n'avions eu à cette époque révolutionnaire que les seules têtes de colonne, de soumises à ce traitement radical, l'on eût conservé à la Patrie bien des existences précieuses qui lui ont manqué plus tard!

Le général Boulanger a assisté à vingt batailles, il a eu deux horribles blessures. Après avoir donné tant d'exemples d'héroïsme il a su montrer le courage civique qui est peut-être le plus difficile de tous. Donc, trois hurrahs pour le brave général qui aime le peuple et qui sera, après l'honorable M. Jules Grévy, notre légal et pacifique Président de la République !

Voilà, Monsieur, tout ce que j'ai vu, moi, dans cette rencontre manquée. Le duel entre évidemment dans une phase morale nouvelle. Dieu veuille qu'il n'en sorte plus ! Actuellement et pour finir cette lettre je vais répondre au dernier paragraphe de l'article du *Mémorial* du 10 août.

Dans l'espoir d'excuser les insultes adressées par M. Jules Ferry au général Boulanger, vous rappelez le langage peu parlementaire de la *Lanterne* et de l'*Intransigeant* à l'égard du premier de ces deux Messieurs. Il est clair que les violences de plume sont toujours regrettables ; mais est-ce la faute du Général? Si M. Jules Ferry a été maintes fois pris à parti par ces deux journaux, pourquoi ne s'est-il pas adressé à eux plutôt que de viser le Général qui ne peut être rendu responsable de toutes les choses *excessives* qui se débitent sur son nom.

Si une bonne fois M. Jules Ferry, qui veut bien se battre à certaines conditions, avait envoyé ses témoins à Rochefort ou à Mayer, il est probable que les allures de cette polémique se fussent modifiées depuis longtemps. Au lieu de cela, M. Jules Ferry s'en prend à un homme qui personnellement ne lui a jamais rien fait, ce n'est ni juste ni correct. C'est surtout injuste, outrage à part. Car le discours d'Epinal est une très mauvaise leçon d'histoire. De Saint-Arnaud a conspiré au renversement de la République, tandis qu'au contraire, le Général prétend la soutenir si on l'attaque. Donc, les paroles de M. Jules Ferry ont été une calomnie puisque le Général est toujours resté dans la légalité. Je le trouve même bien bon de n'avoir pas assigné son adversaire devant les tribunaux pour fait de diffamation publique, ce qui prouve encore de sa part une âme généreuse, chose assez rare par le temps qui court.

Arrivons maintenant à cette prétendue affaire de 300.000 francs de brochures, du Général. C'est là une immense plaisanterie qui ne soutient pas l'examen une seule minute chez un homme qui est pauvre, qui ne possède que ses émoluments de soldat et qui a une famille à élever. Oui! le Général a laissé faire quelque réclame à son sujet; mais cette réclame patriotique, je conseille et je souhaite à beaucoup de gens de s'en souvenir si jamais le Général nous revient... quand le tambour battra!

Dans ce monde tel que nous l'avons fait depuis qu'il est sorti des mains du Créateur et sans remonter jusqu'au chien d'Alcibiade, qui donc ne vit pas aujourd'hui d'un peu de réclame? Le négociant n'en fait-il pas pour ses produits? Vous-même, Monsieur, n'en faites vous pas le plus possible pour votre estimable feuille? Dernièrement, le comte de Paris n'en faisait-il pas lui-même à Jersey, et entre nous soit dit, une réclame passablement illégale. Et le manifeste d'hier 15 septembre, qu'en dites-vous? Et le duc d'Aumale, lui aussi, n'en faisait-il pas en offrant Chantilly à la France, réclame, celle-ci véritablement royale et qui aurait dû, comme je le prouverai plus loin, lui rouvrir les portes de la Patrie! Finalement, M. Jules Ferry, dans son discours d'Epinal a voulu de même se faire une petite réclame politique. Par malheur il s'y est pris de telle façon qu'il s'est trompé d'adresse et que cette réclame a été droit à son adversaire; c'est ce qui arrive quelquefois avec une arme à deux tranchants, on s'y blesse soi-même!

Veuillez agréer, Monsieur, l'assurance de mes sentiments d'estime et considération.

De Grammont.

DEUXIÈME PARTIE

CONSIDÉRATION GÉNÉRALE

SUR LA

POLITIQUE DU CABINET ACTUEL

LA QUESTION SOCIALE, LES FINANCES DE LA RÉPUBLIQUE ET LA DÉFENSE NATIONALE

Le 20 mai dernier, c'est-à-dire en pleine crise ministérielle et avant la constitution du cabinet actuel, dans un rapport adressé à un personnage politique très en vue, voici comment j'augurais de l'enfantement final du nouveau ministère :

Après la chute et les essais infructueux de trois cabinets plus ou moins radicaux, il me semble qu'il nous faudrait un cabinet de l'union des gauches, agrémenté d'un appoint de la gauche radicale, appoint proportionnel au nombre des députés républicains qui ont voté pour l'ancien cabinet. Rester politiquement et à nouveau trop loin de la droite, ce serait augmenter l'*intensité de l'illogisme,* en vertu duquel on se serait servi des votes de cette même droite pour abattre l'ancien cabinet, sans lui faire malgré cela les quelques concessions d'attitude et de nuance, qui lui sont légitimement dues. Et puis, pour considérer cet incident parlementaire à un point de vue plus haut, il y a d'engagés dans cette affaire l'intérêt supérieur du pays et les nécessités impérieuses du moment.

Il y a quelques années, Gambetta, à son lit de mort, disait à ceux qui l'environnaient : « O mes amis, il n'y a plus qu'une question, c'est la *question sociale.* » C'est-à-dire, aurait-il pu ajouter, la lutte incessante, implacable, éternelle, plus vivace que jamais, entre ceux qui *possèdent* et ceux qui ne *possèdent pas*, lutte qui partage le pays en deux camps, qui s'est accentuée depuis 1871, et cela pour des raisons multiples dont la complexité m'effraye! En effet, depuis cette époque, ceux qui *ont* n'ont-ils pas beaucoup plus travaillé pour eux-mêmes que pour ceux qui *n'ont pas?* A 20 millions de paysans ou de prolétaires, vous avez donné deux armes terribles, à savoir : le vote universel et l'instruction à outrance; ils vous demandent aujourd'hui, appuyés sur ces précédents, des choses, des aliments plus substantiels, comme vous, en un mot, ils veulent jouir et prendre place au banquet!

Par surcroît de malheur et depuis la mort de l'illustre patriote, deux autres grosses questions sont venues se greffer sur le débat social séculaire, se superposer à lui et exiger de la part de nos hommes d'État non seulement leur plus sérieuse attention, mais encore et surtout une médication prompte et énergique; ces deux questions sont celles de *nos finances* et de notre *défense nationale*. Aujourd'hui, la première est à l'état aigu et exige les soins les plus immédiats. En effet, comment pourrait-on assurer tous les éléments d'une bonne défense nationale, si l'argent venait à manquer à nos budgets? Et, d'un autre côté, comme tout progrès, toute réforme sociale coûte toujours plus ou moins, serait-il possible d'améliorer le sort des classes pauvres, malheureuses ou déshéritées, si encore, pour cet objet, les ressources matérielles nous faisaient défaut ?

Il suit de là que, tant qu'on n'aura pas remis nos finances à flot, tant qu'on n'aura pas résolu d'une manière quelconque ce problème insondable de l'Alsace-Lorraine, tant encore que les nécessités de notre défense et de notre préparation à une guerre possible nous dévoreront plus d'un milliard par an, sans compter les intérêts considérables affectés aux dépenses déjà faites de ce double chef, tant enfin que ces deux gros facteurs resteront attachés à nos flancs comme le vautour de Prométhée, la question sociale que l'on agite depuis quelques années avec une violence qui croît tous les jours, devra fatalement, forcément subir un léger temps d'arrêt; et les revendications radicales, propres à un régime républicain plus accentué devront demeurer provisoirement en suspens... *Pendent opera interrupta!* Car, deux autres grosses questions, celles-là irréductibles et sans remise possible, surplombent notre horizon politique et dominent en maîtresses souveraines notre double situation intérieure et extérieure; je les ai nommées plus haut.

Sorti de la plume d'un homme qui s'est déclaré *socialiste*, cet aveu aura peut-être quelque mérite et prendra un peu d'autorité à l'effet de calmer les impatiences hâtives, même légitimes de ceux dont on doit chercher à améliorer le sort. Continuant l'examen de la question sociale, j'ajoutais ceci dans mon mémoire :

Lors même que nous n'aurions pas sur les bras nos finances à refaire et notre armée à réorganiser, je voudrais encore, *à titre de dernier essai*, des hommes modérés au pouvoir pour accentuer la marche en avant des institutions républicaines. Et cela en vertu de cet aphorisme politique que j'ai développé autre part, à savoir que chaque réforme à réaliser peut être étudiée et, le cas échéant, appliquée par des hommes dont la nuance d'opinion *précède immédiatement* celle de la politique rivale qui a recommandé ces mêmes progrès. A mon sens, c'est là une garantie pour l'opinion moyenne de la masse de la nation.

Aussi je trouve que le mot qu'on attribue à M. Thiers « *La République sera conservatrice ou elle ne sera pas* », n'est réellement exact que s'il est appliqué à la conservation des formes politiques. Il me semble qu'il serait plus complet et mieux généralisé si l'on y substituait les termes suivants : « *Le progrès social se fera par des hommes modérés ou il ne se fera pas.* » C'est la pensée même, mais avec d'autres mots, que M. Sigismond Lacroix traduisait récemment dans un article intitulé : *La politique radicale sans les radicaux*! Il m'a paru en prendre très philosophiquement son parti en ajoutant : « Peu importe d'où viennent ces réformes, pourvu qu'on nous les donne ! »

D'après cette manière de voir, j'estime donc qu'il n'y a pas encore lieu d'aller jusqu'à un ministère Clémenceau. A cela on va peut-être me répondre deux choses : 1° mais le pays depuis quelque temps, y compris les élections de 1885, ne nomme plus guère que des députés radicaux ; 2° ce sont précisément vos républicains dits modérés qui, depuis huit ans qu'ils ont la conduite des affaires, nous ont mis dans le pétrin financier où nous nous débattons, par les conventions de 1883, l'exagération des dépenses scolaires, la marée montante d'une armée de fonctionnaires et le coût des expéditions coloniales.

Certes, le pays a eu sensiblement raison ; malgré cela est-il aujourd'hui impossible de lui faire prendre encore une autre orientation politique ? et le nouveau ministère ne pourra-t-il pas acquérir assez d'autorité, assez d'influence pour redresser à l'avenir le sens des élections futures ?

D'un autre côté, si les hommes qui vont entrer aux affaires sont sinon les mêmes, mais de la même nuance que ceux qui avant eux ont mal géré nos budgets, eh bien, faites-leur crédit de quelque mois pour les juger de nouveau à l'œuvre. Ils font amende honorable, puisqu'ils reconnaissent tous les premiers que leurs prédécesseurs se sont trompés. Et puis, si ces fautes ont été commises, n'incombe-t-il pas à eux plus qu'à d'autres d'essayer de les réparer ? Ce mode de procéder, certes, est nouveau, mais justement ce n'est peut-être pas un mal qu'on en fasse l'expérience? C'est la dernière fois que ces hommes et leur nuance reviennent au pouvoir. S'ils échouent cette fois encore, c'en est fait d'eux, on ne les reverra plus, et nous aurons alors la monarchie à nouveau ou la république radicale définitive. Je terminais mon mémoire du 20 mai par cette péroraison chaleureuse:

Quels que soient d'ailleurs les hommes qui seront ministres demain, il faudra qu'ils se résignent à une abnégation entière et que, prenant la charge très lourde qui va leur être mise sur les épaules, ils s'inspirent d'un véritable amour du bien public. S'ils sont du parti dit *modéré* il faudra qu'ils fassent leur contrition et qu'ils rachètent leurs erreurs passées. Mais si, par hasard, ils sont encore *radicaux*, ils devront jusqu'à nouvel ordre refouler jusqu'au fond de leurs cœurs leurs visées politiques personnelles, les idées trop avancées de leur groupe et cela jusqu'à l'époque où nos budgets seront moins lourds, nos chambres moins divisées, notre situation extérieure moins menacée?

Aux deux labeurs primordiaux, à savoir, *finances* et *défense nationale*, qui s'imposent inexorablement à leurs méditations et à leur patriotisme, ils devront travailler, d'une part, les yeux fixés sur notre frontière Alsace-Lorraine, et, d'autre part, le doigt posé sur les colonnes de notre grand, trop grand livre de la Dette publique !

Je ne m'arrêterai pas longtemps à faire remarquer que la composition du nouveau cabinet, sauf l'absence regrettable du général Boulanger, a pleinement justifié mes prévisions. J'arriverai donc de suite aux impressions qu'ont faites dans mon esprit les deux déclarations ministérielles du 31 mai et du 11 juin, déclarations à l'occasion desquelles je disais à cette époque :

L'équivoque me paraît subsister *avant* comme *après*, alors qu'il était si facile de la dissiper en faisant toucher du doigt l'orientation de la nouvelle politique du cabinet! Tous les journaux conservateurs ainsi que les feuilles républicaines à la dévotion du Ministère tressaillent de joie et leurs transports d'allégresse éclatent à chaque ligne. Eh bien, voulez-vous que je vous le dise? ces trépignements me rendent triste tout au contraire parce que j'y vois, moi, la fameuse concentration républicaine à la dérive et un fossé profond creusé entre les diverses fractions libérales de la Chambre.

Les Radicaux accusent encore le Ministère de connivence avec la droite et pour s'en consoler ils ajoutent que ce sont là des baisers de Judas ou de Lamourette.

Ces interprétations sont d'autant plus regrettables qu'en réalité j'estime qu'elles n'ont rien de fondé et que les présomptions qu'elles émettent, n'existent que dans l'imagination malade ou troublée de ceux qui s'y livrent. N'aurait-on pas pu éviter cette scission, même apparente en disant, par exemple, quelque chose dans ce genre-ci :

La question financière est le nouvel axe politique autour duquel toute la machine gouvernementale doit graviter jusqu'à nouvel ordre; c'est à cette question de vie ou de mort que nous devons, toutes autres affaires cessantes, ramener notre attention, réunir nos efforts, déployer tout notre patriotisme. Nous n'avons aucune compromission avec la droite par une raison bien simple, c'est qu'à l'heure qu'il est, et quelle que soit la nuance politique qui détienne le pouvoir, il n'y a plus aujourd'hui et jusqu'à nouvel ordre qu'une seule manière de gouverner et la voici : autrefois Danton a dit : Il faut de l'*audace*, encore de l'*audace* et toujours de l'*audace*. Nous dirons, nous, appliquant cette parole fameuse à notre état financier, il nous faut faire des *économies*, encore des *économies* et toujours des *économies!* Rappelez-vous, d'ailleurs, les admirables discours de Mirabeau sur la banqueroute et celui-là n'était pas un radical! et si malgré ces raisons décisives la gauche radicale et l'extrême gauche demandent encore non seulement des amorces de réformes, mais encore des réformes mêmes, complètes et précises, eh bien, nous allons établir un cahier, un programme et subdiviser ces revendications en *cinq catégories* principales que voici : 1° les réformes qui pourraient avoir lieu sans obérer à nouveau nos budgets ; 2° celles qui seraient onéreuses mais dont les charges nouvelles trouveraient leur contre-partie dans des réductions ou recettes correspondantes ; 3° celles qui, bien que bonnes, doivent être éliminées pour le moment parce qu'elles nous imposeraient des frais accessoires sans compensation, d'autre part ; 4° celles encore qui, sans aggraver nos dépenses, ne pourraient être considérées comme mûres et acceptables par l'opinion publique et la majorité des Parlements ; 5° celles enfin qui créeraient des ressources supplémentaires à nos budgets, tout en étant très radicales et parmi lesquelles il y aurait lieu de placer en première ligne la suppression des dépenses relatives au culte (1).

Voilà ce que le Ministre, Président du Conseil, aurait pu déclarer ; au moins on aurait su à quoi s'en tenir, le doute eût cessé et l'on ne pouvait même pas soupçonner le cabinet d'une entente quelconque avec la droite. Car, la République est un peu comme la femme de César, elle ne doit pas être soupçonnée !

Parlons maintenant un peu de la droite ; grandissant à cet égard le cercle de ses préoccupations, M. Rouvier a dit que cette droite représentant près de la moitié du corps électoral, il n'y avait pas lieu de combattre une partie du pays avec l'autre pour auxiliaire. Mais ne savez-vous pas et l'avez-vous oublié, que les élections du 4 octobre 1885 ne se sont faites que sur une équivoque, la droite ayant à ce moment masqué ses visées monarchiques sous le couvert conservateur tandis qu'aux élections prochaines ce subterfuge ne pourra plus exister ; car alors, la lutte restera circonscrite entre monarchistes purs et républicains proprement dits, chacun retranché cette fois dans son

1. Je dirai à la fin de ce travail ce que personnellement je pense de cette question.

camp. Et ce qui le prouve surabondamment c'est que, si cette même droite avait pu abandonner les principes qui sont sa raison d'être, elle se fût ralliée à la combinaison de droite républicaine, proposée d'abord par M. Raoul Duval et reprise tout récemment par M. Lepoutre, chose qu'elle n'a pas faite et pour cause.

Ces réserves posées, est-ce à dire pour cela que les hommes de la droite n'ont pas voulu faire œuvre de patriotisme en soutenant, chemin faisant et à l'occasion, un ministère même républicain, qui a accepté la lourde tâche de restaurer nos finances? Loin de moi cette pensée! J'estime en effet qu'elle a montré autant de sincérité que d'à-propos et qu'elle a manœuvré avec autant de bonne foi que de profit pour ses intérêts propres; et il est facile de s'en rendre compte en faisant ressortir ici les résultats assez jolis que sa nouvelle attitude lui a déjà procurés : elle a d'abord largement contribué à faire éloigner l'homme qui seul pouvait porter ombrage au comte de Paris, elle a séparé les républicains en deux ou trois groupes presque irréconciliables, elle s'est insinuée habilement dans l'action gouvernementale, elle se propose qu'on s'habitue à elle, qu'on la supporte et que la confiance publique achève de revenir à elle. Et puis, un beau jour, après ces bagatelles de la porte elle ira tout tranquillement se coucher dans le lit même qu'on lui aura préparé sans le vouloir... et tout cela sans bruit, sans tapage, sans secousse. Les choses auront été de soi, personne n'y aura vu que du feu et le tour sera joué !

Il n'y a à ce beau plan qu'une ombre légère, c'est que les monarchistes font aujourd'hui et sans s'en douter, un essai inconscient d'une autre droite républicaine à leur façon. Car, étant donné qu'ils soutiennent le Ministère, si ce cabinet dure jusqu'aux élections, ce que je lui souhaite, comment alors, avec quels arguments pourront-ils *à nouveau* combattre le régime républicain et trouver, séance tenante et tout à coup, *mauvais* ce qu'ils auraient jugé *passable* pendant l'espace de ces deux années?

Cette réflexion n'a pas échappé au *Gaulois* et m'a rendu rêveur. Mais en voilà assez sur cette question pour le moment ; j'y reviendrai à la fin de ce travail, dans ma lettre à M. Rouvier à propos de son discours du 18 août, à l'hôtel Continental.

Me voici maintenant devant la question de l'Alsace-Lorraine et de la défense nationale, question qui est encore supérieure à celle des finances, car, riches ou pauvres, si l'on nous attaque, il faudra bien nous défendre. Mais, nous-mêmes, devons-nous attaquer, devions-nous, pouvions-nous au moins le faire avec quelque avantage au mois de février dernier? Ce à quoi je réponds ceci : Oui! mille fois oui ! A ce moment et pour les nombreuses raisons dites et énumérées dans cette brochure, la victoire était presque certaine, certaine, je dirai même plus.

Aujourd'hui c'est trop tard et nous avons laissé passer le moment psychologique. La chose serait plus malaisée et partant moins sûre. Il faudrait un effort plus grand et des dépenses plus considérables. D'ailleurs, une nation qui a une dette de 35 milliards, qui, depuis 1871, a dépensé cinq milliards de travaux publics, et dont les contribuables paient par tête 128 francs, tandis qu'en Amérique c'est 50, en Allemagne, 44, en Autriche, 40, en Russie, 36, en Espagne, 33, cette nation, dis-je, n'a pas le droit moral de prendre l'intiative d'une immense collision, même pour la cause sacrée de l'Alsace-Lorraine, à moins, cependant, qu'elle ne trouve, comme en février dernier, une occasion favorable, ou qu'elle se crée une ou deux alliances écrasantes pour ses adversaires. Alors, dans ce cas, les maux d'une guerre victorieuse pourraient être ultérieurement compensés par un désarmement général.

Mais aujourd'hui que la situation n'est plus la même et que nous restons au calme plat avec une dette énorme qui s'accroît sans cesse, sans rémission, sans relâche, nous devons tenir un autre raisonnement, prendre un attitude différente. Nous devons surtout réfléchir froidement à ceci, à savoir, que tous ceux qui ont passé au Pouvoir depuis huit ans, ayant toujours laissé monter le niveau de nos budgets, augmenté la dette flottante, compromis enfin les sources vives du pays, que ceux-là, dis-je, ont perdu le *droit moral* de nous entrainer à la conquête nouvelle de nos deux chères provinces. Ils le savent bien, voilà pourquoi ils disent qu'ils veulent la *paix*, en quoi ils ont tort, aussi tort que ceux qui parlent de la *revanche*. Il vaudrait bien mieux ne *rien dire du tout des deux côtés*.

Au fond de tout cela, il y a un fait saillant, c'est que la paix nous est imposée parce qu'il n'y a guère moyen de faire autrement avec les diverses crises intenses que nous traversons et avec un état financier auquel il sera bien difficile, malgré toute la bonne volonté, de porter remède à cause de l'entretien d'un personnel et matériel de guerre gigantesque et tel qu'il n'a aucun précédent dans l'histoire de l'humanité !

Je me suis laissé dire que dans ces derniers temps un diplomate avait offert officieusement à l'Allemagne de nous rendre nos deux Provinces, moins Strasbourg cependant, pour la somme ferme de *cinq milliards*. Le prince de Bismark aurait naturellement refusé ; et c'est dommage en vérité autant pour nos voisins peut-être que pour nous-mêmes, c'est facile à démontrer. C'était un marché excellent. Car, cinq milliards à 4 0/0 d'intérêt ne demanderaient qu'une provision de deux cent millions annuels, somme dont il nous serait aisé alors de diminuer notre budget, aujourd'hui formidable, de la guerre et de la marine. Nous serions ainsi rentrés dans notre bien et cela sans avoir augmenté de *cinq centimes* nos dépenses actuelles.

Quel malheur que deux grandes nations si voisines, et qui tiennent par tant de côtés la tête de la civilisation du monde ne puissent arriver à s'entendre pour la plus grande prospérité de chacune d'elles ! Comment se fait-il que ce merveilleux génie du Prince de Bismarck, si fécond, si fertile en ressources internationales de tous genres, ne puisse nous offrir une solution acceptable pour nous débarrasser de ce cauchemar de frontières, qui harasse, ruine et débilite deux grands pays et les poussera un jour ou l'autre à un vaste égorgement réciproque ! On dit bien que le grand chancelier, justement préoccupé comme nous de cette grosse question, nous rétrocéderait volontiers nos deux provinces et même une partie de la Belgique à la condition d'annexer la Hollande à l'Allemagne. Mais franchement est-ce là une solution ? N'est-ce pas toujours le même système de la *force qui prime le droit*, système auquel répugnent les idées généreuses de la France ? d'ailleurs, la Belgique ne désire pas plus être française que la Hollande, devenir Allemande. Pas si bêtes les Belges que de venir verser dans nos caisses desséchées le triple des impôts, qu'on leur demande aujourd'hui chez eux !

L'autre jour, quelqu'un me demandait comment tout cela finirait (car cela ne peut pas toujours durer), comment surtout pourra s'éteindre un jour cette fureur d'armements, qui surmène le pays, épuise notre jeunesse, aggravant ainsi les conséquences funestes des crises que nous traversons depuis quelques années.

Mon Dieu ! c'est bien difficile en pareille matière que de vouloir sonder l'avenir, d'autant plus difficile que l'heure actuelle n'est pas au désarmement Ceux donc qui viennent nous le promettre comme don de joyeux avènement n'en croient pas un mot eux-mêmes ; et, en parlant ainsi, peut être n'en font-ils qu'une machine politique à leur usage, peut-être encore spéculent-ils sur des sentiments de faiblesse, contre lesquels il y aurait lieu de réagir plutôt que paraître y condescendre.

Dans sa récente et remarquable allocution aux soldats du 13e corps d'armée, c'est la pensée même que le général Boulanger exprimait avec cette crânerie et ce langage si fiers, qui lui sont habituels, lorsqu'il leur a dit :

« Non, l'heure du désarmement des peuples de la vieille « Europe n'a pas sonné encore en cet instant ; c'est folie

« de le croire, c'est un crime de le dire, car c'est montrer « la paix, comme le but auquel le pays aspire; et nos en- « nemis, qui souvent nous apprécient mieux que nous- « mêmes, savent bien que nous n'en sommes pas là. Plus « que jamais, continuons à travailler : c'est pour la France. »

Tout le monde aujourd'hui et dans cette même France partage-t-il cette façon véritablement patriotique de voir les choses et à propos de laquelle le Général a fait tous ses efforts pour y hausser le diapason national? je le voudrais mais je n'ose pas trop y compter, surtout si nos gouvernements cherchent à ramener le pays dans un courant contraire.

Il est donc à craindre que nous ne restions encore quelque peu divisés sur cette grave question, en deux grandes fractions, à savoir : ceux qui veulent reprendre l'Alsace et la Lorraine et ceux qui ne le veulent pas.

C'est sur ce double thème qu'au point de vue extérieur se feront les élections de 1889, comme à l'intérieur elles auront lieu entre monarchistes et républicains sur les noms du comte de Paris et du général Boulanger !

TROISIÈME PARTIE

LE GÉNÉRAL BOULANGER

DEVANT

L'ÉTRANGER, LE GOUVERNEMENT, LE PAYS

ET LES ÉLECTIONS DE 1889

J'arrive maintenant à la question spéciale du général Boulanger, laquelle a fait déjà verser bien des flots d'encre et qui malgré cela n'en est encore qu'à son commencement. Pour moi, je puis examiner cette affaire avec la plus grande liberté d'esprit, vu que je n'ai pas fait partie de l'entourage de l'ancien ministre de la guerre. Du mois d'octobre 1886 au 2 janvier 1887, je lui ai adressé, comme au chef suprême de l'armée, plusieurs mémoires militaires sur la défense nationale, travaux posthumes qui m'ont valu de sa part plusieurs lettres de félicitations et une recommandation chaleureuse à M. Sadi-Carnot, à cette époque ministre des finances, lequel tout naturellement s'empressa de ne tenir aucun compte de l'apostille de son honorable collègue. Je ne tirai donc en définitive aucun profit du travail énorme auquel je m'étais livré au moment même où l'on croyait la guerre inévitable !

Cette légère digression personnelle terminée, entrons immédiatement dans la discussion générale et voyons tout d'abord quelle a été la conduite du gouvernement à l'égard du général. M. Clémenceau, à la tribune, a fait une peinture fidèle et éloquente des éminents services rendus par l'ancien ministre de la guerre au pays en général et au régime républicain en particulier. Je n'y reviendrai donc pas pour dire ici médiocrement ce qui a été si bien mis en saillie par l'un de nos maîtres de la parole; j'en signalerai seulement une première conséquence.

Comment! voilà un brave officier général que vous tirez du rang pour lui faire accomplir dans l'affaire de l'expulsion des princes une besogne qui avait répugné à tous ses autres collègues! Puis, cela fait, trouvant mauvais que ce même général ait fait de la politique républicaine, et même de la bonne, selon vous, vous l'accusez tout à coup de sortir de sa spécialité, vous brisez l'instrument même dont vous vous êtes servi pour affermir vos institutions menacées, et vous le renvoyez sans vergogne, sans même un simple remercîment, à sa place de bataille!

Mais si je vois bien, il me semble que non seulement c'est parfaitement injuste, mais encore absolument ingrat. D'autant plus que ce même général, en voulant trop bien vous servir, a, selon moi, légèrement dépassé la mesure dans l'affaire connexe du duc d'Aumale. Le jugement que je vais porter à propos de ce cas particulier étonnera peut-être dans la bouche d'un homme qui s'est dit *socialiste* au début de ce travail. Mais il faut qu'on sache que précisément le premier des biens pour un socialiste est la *justice*, et qu'à ses yeux être juste est la loi politique suprême, quelles que soient les divergences d'opinions qui nous séparent.

Or, pour bien saisir la portée de mes critiques sur ce point, il faut remarquer que dans cette affaire de l'expulsion du duc d'Aumale il y a une nuance délicate peut-être, mais cependant assez sensible qui a échappé non seulement au général Boulanger, mais surtout au gouvernement, représenté à cette époque par M. de Freycinet, et cette nuance la voici : contrairement à son cousin le comte de Paris, le duc d'Aumale n'a pas été expulsé à titre de *prétendant*, puisque, de l'aveu de tous, il n'a jamais prétendu qu'à une seule chose, qui était de conserver son grade de général de division. Il a été banni purement et simplement à cause de la lettre *un peu vive*, qu'il avait écrite publiquement au président, M. Jules Grévy. Cette protestation, assez raide, j'en conviens, dans la bouche d'un officier général de l'armée française, pouvait cependant n'être considérée que comme un manquement grave à la subordination hiérarchique et au respect naturel dû au premier magistrat de la République.

L'incident avait donc mérité au duc d'Aumale, en tant qu'officier général, quinze jours d'arrêts de rigueur, ni plus ni moins, et non pas l'expulsion. Je ne sais plus quand ni où il est arrivé à M. le général Carrey de Bellemare une histoire à peu près semblable, ce qui ne l'a pas empêché, après une courte période de disponibilité, d'être remis à la tête d'un corps d'armée. Et cela sans avoir été obligé, en dehors de son épée et de son dévoûment, d'offrir quoi que ce soit au gouvernement de la République.

Le duc d'Aumale, lui, s'est vengé royalement en offrant à la France le château de Chantilly, ce qui n'a pas suffi cependant pour lui rouvrir les portes de sa patrie. C'est regrettable ! car, du moment que la République acceptait, au nom du pays, ce royal cadeau, lequel était en outre une sorte de restitution tacite et indirecte de la somme égale (40 millions) que les princes d'Orléans avaient reçue de la nation après la guerre, le gouvernement, par convenance sinon par gratitude, aurait dû depuis autoriser le prince à rentrer en France en rapportant le décret d'expulsion qui, selon moi, lui avait été appliqué à tort. On lui avait enlevé son grade, c'était peut-être *légal* quant au fond, mais *excessif*, tandis que l'expulsion était, avait été chose inconstitutionnelle et illégale. En tout cas, la répression simplement militaire et non politique dont il avait été l'objet devait prendre *fin à un moment donné*.

Je suis personnellement d'autant plus à mon aise pour

juger sainement ici cette affaire, que j'ai servi sous les ordres du duc d'Aumale en 1876, à Besançon, au moment même où le général Boulanger s'y trouvait comme colonel du 51e de ligne. Je n'ai jamais rien demandé au duc, je ne lui ai même jamais parlé. Je résume donc cette discussion en disant : On a accusé le général Boulanger d'avoir pratiqué largement l'indépendance du cœur vis-à-vis le duc d'Aumale, on lui a reproché surtout les lettres de remercîment, qu'il lui avait écrites. Tout ce détail ne tient pas debout.

Le général Ferron, qui doit ses trois étoiles à l'ancien ministre de la guerre, de même que ce dernier devait au Prince son grade de général de brigade, s'est comporté à l'égard de son protecteur avec une désinvolture *cent fois pire*; il me sera facile de le démontrer plus bas. Non : la seule chose regrettable dans toute cette affaire, et je le répète une dernière fois, c'est l'expulsion maintenue du duc d'Aumale et encore la responsabilité en remonte-t-elle moins au général qui n'a été que le bras qu'au Gouvernement qui a seul pris l'initiative de la mesure. La République n'a pas été *juste* dans cette circonstance, envers l'homme qui a, comme militaire, contribué puissamment à la pacification générale de l'Algérie, cette deuxième France créée à nos portes mêmes!

Cette affaire vidée, revenons à l'examen des motifs qui ont pu justifier la chute du général Boulanger. Tout d'abord et si l'on se reporte aux négociations qui ont précédé l'enfantement du Cabinet actuel, il est notoire que MM. de Freycinet et Floquet avaient consenti à garder le Général. On a même dit, et M. Edouard Lockroy l'a déclaré, que M. Rouvier, lui aussi, ne s'en était que très mollement défendu pendant quelques jours. Bien que M. Reinach ait démenti ce fait, il peut être considéré *comme acquis*, et ce n'est que grâce à la démarche de la dernière heure, de quelques membres du Sénat, que le président de la République, changeant brusquement d'attitude à l'égard du général, imposa définitivement sa retraite à M. Rouvier qui, lui, s'en chargea en dernière analyse.

A tout le bruit qui s'était fait en Allemagne autour de la discussion du Septennat, aux menaces de guerre, du prince de Bismarck, qui l'avaient suivie, j'ai longtemps cru que la retraite du général Boulanger avait été amenée en grande partie par l'ensemble de ces causes en quelque sorte *purement militaires*. On ajoutait, pour appuyer ces présomptions, que le général-ministre voulait la guerre à tout prix et que cette attitude ne pouvait pas être supportée d'avantage par des gens résolument attachés à la paix quand même; et c'est précisément en vertu de cette croyance que j'ai eue avec bien d'autres personnes, que dans ma lettre à M. Jules Ferry j'ai dit et maintenu qu'à la rigueur j'avais compris et admis l'éloignement du Général.

Eh bien! il paraît que ce n'était pas cela. L'ancien ministre de la guerre a été éliminé pour avoir obtenu, le 22 mai, 30.000 voix aux dernières élections de la Seine, c'est M. Rouvier qui nous l'a dit lui-même à la tribune. Or, c'est là une chose qui est absolument inadmissible. En suivant cette logique, il faudrait le condamner à la déportation si plus tard il était nommé dans trente départements et lui infliger peut-être la peine de mort s'il devenait à la même époque l'élu de cinquante sièges électoraux.

Ce raisonnement ne supporte pas la critique; car, il est évident que le vote *tout spontané* des Parisiens en faveur du Général a été un acte tout à fait *indépendant de sa volonté propre*, tandis qu'à la rigueur il eût pu éviter les incidents de la gare de Lyon en trompant le public sur l'heure de son départ; d'après cela on peut conclure hardiment que si la première circonstance relative aux scrutins de la Seine était illégale, la seconde concernant la manière dont il a quitté Paris l'était bien davantage. Cependant l'une lui aurait enlevé son portefeuille, tandis que l'autre ne l'a pas empêché d'être pourvu d'un grand commandement actif. Double thèse qui ne peut raisonnablement se soutenir parce que les deux termes s'en contredisent!

Actuellement il reste à voir si le Général a bien ou mal fait de ne pas se dérober aux ovations dont il a été l'objet à la gare de Lyon. En cela je serai avec beaucoup de monde en disant que cette soirée de départ n'a été qu'un *rendu pour un prêté* en présence de l'ordre péremptoire, que le Général avait reçu du Ministre de la guerre, à savoir, de quitter immédiatement Paris, comme un véritable malfaiteur militaire et à la veille presque d'une fête nationale à laquelle l'ancien ministre avait bien mérité d'assister, lui le premier, avant tous les autres. Ces procédés excessifs du général Ferron ont donc blessé vivement le sentiment public non seulement à Paris, mais encore en province, et c'est là le cas de dire et de répéter qu'en fait d'indépendance du cœur le général Ferron en a, dans cette circonstance, fourni un exemple mémorable.

Et avant d'aborder de plus grosses questions, comme pour reposer aussi un peu l'esprit du lecteur, il n'y a pas jusqu'à l'air : *En revenant d'la Revue*, qui ait trouvé grâce aux yeux du général Ferron. Bien qu'un profond politique ait dit quelque part qu'on menait les Français avec des chansons, je ne voudrais pas me servir ici de trop gros mots ni donner à ce dernier incident plus d'importance qu'il n'en mérite. Cependant il a sa valeur et je vais le démontrer.

Cet air que la France entière répète à l'envi depuis que le général Boulanger a quitté l'hôtel de la rue Saint-Dominique, est, au point de vue musical, un des *meilleurs pas redoublés* de Paulus. J'ai interrogé à ce sujet un grand nombre de troupiers, lesquels m'ont dit unanimement qu'il est très enlevant, *très marchant*. Pourquoi donc l'avoir banni de nos musiques militaires, d'autant plus que les paroles sont un hommage rendu à l'armée française et que les avoir défendues, est presque une injure qui lui a été faite par celui même qui la commande aujourd'hui.

Voyons, franchement ne serait-il pas préférable que nos musiques militaires restassent dans leur sphère d'action, technique et spéciale, avec de la bonne mélodie appropriée aux diverses circonstances de la vie militaire plutôt que d'entendre sur nos places publiques l'ophicléïde y jouer : *Pour tant d'amour, ne soyez pas ingrate !* avec des soupirs de phoque, d'éléphant ou d'hippopotame ? Que de bons kilomètres nous ont fait faire autrefois, lorsque j'étais sous-lieutenant au 4e de ligne, ces excellents *pas redoublés* de notre brave chef de musique, Gurtner ! Sa « *médaille d'or* » était son meilleur morceau ; on le joue encore bien que déjà vieux. L'ayant entendu l'autre jour, les larmes m'en sont venues aux yeux, c'était toute ma jeunesse dont on semblait évoquer le souvenir ! Croyez-moi, mon Général, ce que vous avez édicté à propos de l'air de *la Revue* est petit, mesquin, vilain ! cela ne vous portera pas bonheur ! Et puis, savez-vous les conséquences du fait de nos musiques militaires prêtées, à tout bout de champ, aux villes dans lesquelles elles séjournent ? Ces pratiques rendent les municipalités paresseuses et indifférentes aux progrès des exercices musicaux auxquels leur jeunesse se livrerait sons doute concurremment avec la gymnastique et le tir. Nos musiques militaires nous coûtent assez cher pour qu'on ne les emploie pas à éreinter nos troupiers et à leur faire seriner dans la caserne tous ces grands airs d'opéra, qui devraient rester le lot des musiques civiles ou particulières.

Somme toute, et pour revenir à un sujet plus important, quelle récompense a eue le Général avant d'aller à Clermont et pour avoir eu l'honneur de préoccuper le prince de Bismarck pendant trois mois ? Aucune. En admettant qu'on n'ait pas pu le nommer grand-croix pour le motif que l'année dernière il avait été fait grand-officier, ne pouvait-on pas au moins lui décerner la médaille militaire, distinction honorifique dont nos généraux sont très friands et qu'on a octroyée à deux autres de ses collègues, officiers généraux fort distingués sans doute, mais dont l'un avait refusé de coopérer à l'expulsion du comte de Paris et dont l'autre n'a participé aux apprêts de la défense nationale que sous les *ordres mêmes* et la direction de l'ancien Ministre de la guerre ! Dans cette dernière circonstance encore, les sentiments intimes de l'armée ont été froissés, et le pays en a subi le contre-coup. Pourquoi encore cette faute légère, qu'il eût été si facile d'éviter? Le peuple est bon enfant, il lui faut peu de chose pour le satisfaire. L'opinion publique a des remous dans le sillage desquels il est si facile de se laisser aller !

Vous avez trouvé peut-être que le Général n'a rien fait; je ne suis pas de votre avis. Moi, je trouve qu'il a fait énormément. Jeanne d'Arc non plus n'avait rien fait, lorsqu'elle s'est présentée à Charles VII, pour lui proposer de chasser les Anglais d'Orléans; mais elle avait la foi, la foi en la France et en son gentil Dauphin. Eh bien! le Général, lui aussi, a eu cette même foi, et la nation, l'armée, la République l'ont eue également en lui. Cela ne se raisonne pas, mais c'était comme cela au mois de février dernier. C'était une chance contre l'Allemagne, si les menaces du prince de Bismarck avaient été, à ce moment, suivies d'effet.

Est-ce à dire, pour cette raison, que le général Boulanger ait voulu la guerre pour lui, par ambition, et quand même? M. Laisant a répondu victorieusement à cette allégation, dans sa dernière petite brochure. Le Général, d'ailleurs, a le cœur trop haut, aime trop son pays pour céder à de pareils mobiles. Cependant, s'il est vrai qu'il ait voulu la guerre, supposant l'occasion bonne au moment où l'Allemagne était en plein désarroi politique, et par un sentiment peut-être bien entendu, de patriotisme, il faut reconnaître que le Général se serait trouvé en bonne et nombreuse compagnie, c'est-à-dire avec presque tout le pays, ce que j'ai résumé au commencement de cette brochure en disant : « Peut-être est-ce dommage qu'on n'ait pas écouté, à ce moment, ceux qui voulaient marcher en avant ! »

Quoi qu'il en soit, voilà donc le général Boulanger renvoyé du Ministère. J'ai émis, à ce propos, l'idée qu'on aurait dû, tout au moins, le placer à Nancy, au bord de notre frontière, en face l'Allemagne. Ce n'était pas une provocation, mais nous usions d'un droit strict; l'Allemagne nous en a fait bien d'autres depuis quelque temps; au moins, nous n'aurions pas eu l'air de reculer. A Nancy, le Général était bien à sa place, et l'opinion publique y eût trouvé pour lui une compensation suffisante. Après avoir réorganisé notre armée, réveillé l'esprit militaire, redonné confiance à la nation en elle-même, le Général allait aux avant-postes joindre l'étude pratique *sur place* aux travaux spéculatifs du Ministère. Il se complétait ainsi lui-même, il restait au premier plan, en relief, après s'être déclaré prêt et l'ayant prouvé, prêt à entraîner toute la nation derrière lui. Ainsi arc-bouté, rempart inexpugnable, au massif des Vosges, il serait resté sur un terrain où il faudra tôt ou tard et fatalement que, des deux armées remises en présence, l'une des deux enterre l'autre dans un dernier conflit gigantesque !

Au lieu de cela, vous avez considérablement diminué la situation du Général en l'envoyant à Clermont et malgré de grands services rendus, est-ce bien? est-ce juste? beaucoup disent : « Non ! » En supposant même que, vu vos intentions pacifiques, vous eussiez eu peur du Général comme d'un *foudre de guerre*, pourquoi alors ne l'avoir pas envoyé comme ambassadeur à Saint-Pétersbourg? Là, sa position conservait la même ampleur; et, n'était-ce pas rationnel, puisque vous veniez de lui faire faire de la grande politique? D'autres officiers généraux, tels que Le Flô et Appert, y ont bien été en Russie! J'ai ces deux hommes dans la plus grande estime, mais franchement quelle avait pu être leur préparation technique, comme diplomates?

Cette nomination aurait été bien vue de l'empereur Alexandre et de son peuple chez qui le général Boulanger est presque aussi connu aujourd'hui que Skobelef, le héros slave. Elle n'aurait, d'ailleurs, pu porter aucun ombrage à l'Allemagne ; et puisque je parle ici de la Russie, qu'il me soit permis de joindre à la mention de la grande estime dans laquelle cette noble nation tient notre ancien ministre de la guerre, celle également des sentiments exceptionnels de sympathie, qu'elle professe pour l'ancien et premier subordonné du général! Je veux parler du gouverneur de la Ville de Paris, le général Saussier, mon ancien et meilleur camarade à l'École, qui a reçu cet hiver des notables de Moscou un cadeau symbolique, gage précieux de l'entente cordiale des deux grandes nations!

On a dit encore que l'éloignement du Général étant agréable à l'Allemagne, cette dernière, lui parti, modifierait son attitude vis-à-vis de nous et mettrait ainsi une sourdine à ses éclats de voix et à ses menaces. On a même ajouté que par suite de ces nouveaux rapports avec notre puissante voisine nous pouvions sinon suspendre, du moins limiter dans une certaine mesure les précautions défensives que le général Boulanger et ses prédécesseurs n'avaient pas cessé d'accumuler de toutes parts et de toutes façons. Ces faits sont-ils venus donner raison à ces heureux pronostics? qui pourrait le dire?

Le procès de Leipsick s'est fait, deux Français, Bougenot et Arthur de France, ont été condamnés à Mulhouse à dix-huit mois de prison. D'autres procès ont eu lieu dernièrement à Strasbourg; la bataille de Sedan vient d'être déclarée fête nationale à son anniversaire du 2 septembre. Les arrestations illégales et les vexations de toutes sortes se multiplient sur la frontière. Demain, l'affaire du Luxembourg amènera sûrement les complications les plus graves.

En France, avez-vous désarmé le moindrement? Tout au contraire, vous avez augmenté le nombre des régiments d'infanterie, vous avez fait disparaître la deuxième portion du contingent; non seulement les dépenses normales sont augmentées, mais encore il faut parer aujourd'hui à de nouveaux crédits extraordinaires pour la guerre et la marine.

Presque tout cela, le général Boulanger l'avait ordonné, prescrit, préparé, et son successeur ne fait que continuer son œuvre et cette œuvre prouve forcément que l'ancien ministre était bon à quelque chose. Mais alors, si nous admettons que le général Ferron ne fait que continuer les errements et les traditions du général Boulanger, pourquoi et comment pouvez-vous espérer que l'Allemagne trouve *bon* chez le dernier ce qui était, selon elle, *dangereux* chez le premier! L'un a préparé la défense nationale, l'autre la perfectionne, où voyez-vous la différence? Pour moi, je n'en vois aucune. Ce n'est donc pas pour la question militaire que vous avez renvoyé le général Boulanger. Mais alors c'est donc décidément pour la politique et par crainte de coup d'État. Voilà le grand mot lâché!

On a mené grand bruit et on a cherché le scandale autour et à propos des lettres de Clermont. Mais avant ce dernier épisode il y avait eu au Parlement allemand quelque chose de plus joli, c'est ceci, à savoir, que le prince de Bismarck, après vous avoir représenté le général Boulanger comme un futur conquérant, a fini par le dépeindre comme un futur dictateur, un César prédestiné et vous avez gobé cela! Le prince de Bismarck est très fort et surtout très tenace. Lorsqu'*une dose* ne suffit pas, il sait la *doubler*; c'est ce qu'il a fait dans cette circonstance et nous l'avons cru! était-ce assez réussi de sa part?

Sérieusement, si le général Boulanger avait voulu faire un coup d'Etat, il aurait pu s'y résoudre bien avant l'époque où vous pouviez encore le craindre. En second lieu, en lui prêtant ces intentions, les faits et ses déclarations prouvent que vous l'avez calomnié puisqu'en fait de *coup d'État,* il a dit tout haut que si jamais il était appelé à en faire un, ce ne serait que *contre les ennemis de la République*. En quoi donc le Général a-t-il manqué gravement au Pouvoir civil, je vous le demande? S'il s'est passé quelque chose de semblable, qu'on le dise clairement; en République on doit tout savoir. N'avons-nous pas eu comme Cavaignac et les Américains, Washington et plus récemment le président Grand, des généraux respectueux de la Constitution? Et le grand projet qu'on a attribué au maréchal de Mac-Mahon n'était-il pas exactement ce que le Pouvoir exécutif vient tout récemment d'opérer contre le parti radical?

Seulement et dans ce dernier cas je trouve que le soi-disant acte d'énergie, qu'on a imposé à M. Jules Grévy contre le général Boulanger, est mal tombé en s'adressant à ce dernier. Pour sa première incartade d'indépendance vis-à-vis les Parlements on a fait au Président la main malheureuse, outre qu'on lui a laissé commettre un double acte d'*ingratitude* à l'égard de services rendus par le Général et *d'impopularité* vis-à-vis le pays qui, lui, avait bien compris l'étendue de ces services.

Ce qu'il y a de sérieux dans cet état de l'opinion à l'égard de l'ancien ministre de la guerre, c'est que le gouvernement ne paraît pas s'apercevoir que la popularité du général, qui en est la résultante, existe non seulement à Paris, mais encore en province. Voyez pour preuves les deux dernières manifestations électorales de Bar-le-Duc et de Nantes, cette dernière surtout qui est la plus significative dans un pays qui n'avait jusqu'ici envoyé que des députés conservateurs à la Chambre! le général est-il encore coupable du fait de ces deux scrutins?

Loin de se plaindre de cette popularité ou de chercher à l'abattre, le gouvernement aurait pu discrètement s'en servir pour ramener à la République beaucoup de gens que ses fautes ont détachés d'elle. En effet, cette même popularité contrecarre la personnalité déjà trop en vue du comte de Paris; c'est donc une faute de s'en être fait un épouvantail, surtout chez un homme qu'on sait très attaché au régime républicain, celui-ci devant profiter de celle-là comme on le verra bien aux élections de 1889. C'est regrettable pour un cabinet qui aurait besoin d'être soutenu énergiquement par tous pour pouvoir accomplir dans le calme et la paix l'évolution financière qui doit être sa *caractéristique principale!*

Il est impossible, d'ailleurs, qu'en République un gouvernement puisse vivre longtemps, séparé ainsi de l'opinion publique et sans en tenir aucun compte. On a l'air de la mépriser aujourd'hui dans la personne du Général. Cependant, cette opinion chiffrée au point de vue électoral doit représenter tôt ou tard une masse passablement imposante de voix. Si aux prochaines élections il surgissait de la part des comités électoraux une sorte de *mandat impératif* à propos du Général, direz-vous encore que c'est là un acte d'illégalité? ne vous faudrait-il pas vous ranger docilement à l'expression définitive et légale du suffrage universel?

Vous voulez donc, me dira-t-on, que le Général, qui n'est même plus ministre de la guerre, devienne peut-être un jour Président de la République? Pourquoi pas? M. de Freycinet y prétend bien, lui, il ne s'en cache pas et personne ne le voue pour cela aux dieux infernaux. Pour être général on n'en est pas moins un homme. Si le Général, appuyé tout d'abord par une énorme popularité, doué peut-être d'un grand sens politique, animé d'une haute et noble ambition, s'inspirant du désir de relever son pays et de lui faire retrouver sa grandeur, si le Général, dis-je, venait à rêver des destinées plus hautes, qui l'empêcherait d'aspirer plus tard légalement, constitutionnellement, à la première magistrature du pays, sans être pour cela soupçonné de vouloir asservir la nation dans une dictature militaire? c'est là un vieux cliché démodé qui ne peut plus effrayer que les âmes candides ou cacher les chaudes alarmes de gens intéressés par ailleurs.

Ce que je crois, par exemple c'est que le général Boulanger n'accepterait pas, le cas échéant, l'exercice du Pouvoir exécutif sans demander la revision, dans le sens américain, de la constitution de 1875. En cela, je suis parfaitement de son avis s'il est vrai, en effet, ce que je crois, qu'il voit les choses de cette façon. Je l'ai déjà dit autre part, en ma qualité de *socialiste* je n'aime pas beaucoup m'occuper des choses de *politique pure*. Cependant, lorsque je trouve que, d'après la situation respective des divers rouages du Gouvernement, la marche du progrès social peut en souffrir ou être enrayée plutôt que servie par l'encombrement parlementaire, je n'hésite pas tout comme le premier venu à découvrir exactement le fond de ma pensée. Eh bien ! j'estime précisément que notre constitution actuelle est ainsi faite que les différents organes des grands pouvoirs publics y sont très inégalement distribués, répartis, équilibrés et que par suite leur jeu réciproque, loin de les servir, nuit beaucoup au fonctionnement général de la machine gouvernementale.

Et pour montrer ici qu'en disant cela je ne fais que produire mes idées propres et non soutenir une thèse qui paraisse vouloir justifier ou couvrir le général Boulanger, je ferai connaître à mes lecteurs qu'au mois d'avril dernier j'ai remis à M. le lieutenant-colonel Fayet, et pour être communiqué au Président de la République, un mémoire développant l'idée-mère que M. Pascal, dans une conférence à Lyon, a reprise dernièrement, à savoir, la nécessité de renforcer le pouvoir exécutif dans notre constitution parlementaire. Voici donc ce que je disais dans cette pièce qui m'a été rendue et que je possède encore :

« Ne semble-t-il pas que le régime actuel ferait bien de « revêtir la charge la plus élevée de la République, d'une « autorité plus grande, d'un léger surcroît de pouvoir et de « puissance, lequel lui manque aujourd'hui par suite de « l'exagération absolument insupportable et de l'exubé- « rance de la vie parlementaire ? Il y aurait donc lieu de

« reviser la constitution dans ce sens ; j'ouvre une paren-
« thèse pour dire ici que M. Laisant vient d'exprimer un
« avis identique dans son livre : *L'Anarchie bourgeoise*, » et, d'après la réponse que M. Jules Grévy lui-même vient de faire à M. le maire de Mont-sous-Vaudrey, il semblerait que le Président partage la même manière de voir. — Je développais cette thèse en continuant ainsi dans mon mémoire du mois d'avril :

« L'oligarchie républicaine à laquelle nous sommes en
« proie menace de dégénérer en une anarchie légale qui
« devient pire que celle de la rue ou d'un despote, et c'est
« justement celle-là qui pourrait faire naître, tôt ou tard,
« une des deux autres. Les parlements ne sont établis que
« pour faire les lois et non pour gouverner ; sans quoi un seul
« chef à la tête, quelque titre qu'on lui donne, serait pré-
« férable au despotisme électoral et législatif de six cent
« petits monarques républicains. Notre système parle-
« mentaire actuel me paraît donc un empêchement à
« l'exercice régulier, du mécanisme représentatif surtout
« si l'on vient à considérer, d'une part, la faiblesse du
« Pouvoir exécutif et, de l'autre, l'instabilité ministérielle
« qui en sont les deux caractéristiques les plus claires. Les
« ministres changent à chaque instant et le Pouvoir exé-
« cutif nommé par les chambres lui reste absolument subor-
« donné, ne représentant plus guère qu'une machine au-
« tomatique à signatures.

« Pour remédier à cet état de choses il faudrait que les
« chambres aient le courage de renforcer le même pouvoir
« exécutif en lui déléguant une partie de leur puissance
« dont celui-ci serait autorisé à faire usage dans une foule
« de cas secondaires ou accessoires. Sans cela, qu'arrive-
« t-il ? grâce à la trop grande diffusion entre tant de mains,
« de la représentation nationale, les parlements n'avan-
« cent guère la besogne, ils allongent indéfiniment la
« courroie politique et ils finissent par piétiner sur place,
« lorsque même ils ne reculent pas. Pendant ce temps,

« l'Exécutif reste presque à l'état de *lettre morte*, d'une « part, avec des ministres dont les trois quarts du temps « il ne peut rien faire, et, de l'autre, avec un Sénat qui, « pour couronner ce gâchis, vient lui donner des conseils « ou même lui imposer ses volontés. »

Actuellement et si de cette argumentation théorique je passe à une supposition, admettons deux choses : 1° que la vacance de la présidence de la République se produise inopinément, chose que je désire voir reculer le plus possible ; 2° que la constitution soit telle que le chef de l'Etat puisse devoir sa nomination non au scrutin du congrès, mais au scrutin général de la Nation. La main sur la conscience et après avoir tâté le pouls aux sept millions d'électeurs, ne croyez-vous pas que le général Boulanger serait nommé haut la main ? Pour personne la chose ne ferait aucun doute, de même que si, aujour'hui pour demain, la guerre éclatait, le Gouvernement serait obligé par l'opinion de donner au même général le commandement suprême de toutes les armées de la République. Ce n'est pas moi qui l'ai dit ; je l'ai entendu de la bouche d'un homme grave, Maire d'une grande ville et républicain modéré.

Mais pour en revenir à cette sorte de plébiscite dont je parlais plus haut, je placerai ici une observation finale, toute d'appréciation personnelle et qui vient appuyer ce que je disais précisément sur l'exagération de notre système parlementaire. Non seulement je ne suis pas impérialiste, mais encore je trouve, sans vouloir blesser ici des convictions sincères, que les personnages divers qui représentent cette idée ne sont plus possibles en France d'ici de longues années. Néanmoins, je déclare que le système plébiscitaire a du bon et qu'on pourrait peut-être en faire une application utile sous le régime républicain même.

Nous aurions ainsi trois degrés de suffrage universel, chacun d'eux se pondérant l'un par l'autre, deux d'entre eux surtout, le vote sénatorial et le plébiscite faisant contrepoids au mode d'élection législatif. Et c'est ici une occasion pour moi de dire en passant que la nomination du Sénat, comme le demande la major Labordère, n'en déplaise à cet honorable député, me paraît une *perle d'absurdité.*

Le vote général de la Nation, qui serait rare, d'ailleurs, tempérerait sensiblement ce que notre oligarchie parlementaire a d'excessif, d'intolérable presque ; — les Nations vieilles comme les nôtres se retrempent moralement dans ces grands courants périodiques et l'ondée vigoureuse qui en résulte leur rafraîchit le sang et leur redonne le plein sentiment d'elles-mêmes ; chacun se sent les coudes ; il n'y a plus de scrutin artificiel. Le sentiment général éclate dans son expression véritable avec toute sa sève et sa puissance. Je n'hésite pas à le dire, ce serait un bien.

QUATRIÈME PARTIE

LETTRE A M. ROUVIER

MINISTRE DES FINANCES, PRÉSIDENT DU CONSEIL.

Dans la deuxième partie de ce travail j'ai fait ressortir à grands traits l'importance capitale actuelle de la question financière ; je crois même avoir démontré que cette question est le *clou du jour* et que plus que jamais le mot attribué au baron Louis « *les bonnes finances font la bonne politique* » est véritablement en situation.

Cependant, et à mieux examiner encore l'état général de l'opinion et l'attitude un peu perplexe des différentes fractions républicaines vis-à-vis le cabinet dont vous avez la présidence, il semblerait, monsieur le Ministre, que jusqu'à plus ample informé il y aurait plutôt lieu de retourner pour aujourd'hui la maxime de l'ancien homme d'État du roi Louis-Philippe et par suite de vous dire alors : « Commencez par bien asseoir l'orientation nou-
« velle de votre politique, et ceci fait, vous pourrez,
« avec le concours de tous, vous pourrez vous mettre
« hardiment à votre grosse besogne financière. » C'est là la pensée même que je vous demande la permission de développer ici.

Dans votre magnifique discours du 18 août dernier, prononcé à l'hôtel Continental, vous avez fait montre d'un optimisme politique qui, grâce à la beauté et à l'éclat de votre langage, a paru impressionner vivement, convaincre même votre brillant auditoire, mais que moi je ne partage pas au même degré. Vous avez dit, par exemple, que la République existant de fait depuis dix-sept ans, n'avait plus aucun danger à courir, qu'elle vous semblait fortement enracinée dans le pays et qu'ainsi elle se trouvait au-dessus de tous les partis et à l'abri des personnalités quelconques. J'estime, moi, tout au contraire, et malgré la foi la plus robuste, qu'on ne peut pas dire d'un régime politique qu'il est profondément ancré dans la nation, alors qu'il s'en est fallu de 500.000 voix sur 7 millions de suffrages que ce même régime ne passât de vie à trépas il y a de cela juste deux ans.

Depuis cette époque, je me suis demandé bien des fois si les causes qui avaient amené dans le corps électoral cette évolution rétrograde étaient disparues un peu, beaucoup ou pas du tout. Aucunement, me suis-je répondu à moi-même. En effet, l'affaire du Tonkin a continué de plus belle, les budgets ont persévéré avec la plus touchante unanimité dans l'ère des déficits et la danse des milliards. On a emprunté, on emprunte sans cesse sous mille formes déguisées et la dette s'en est encore accrue. Ce que les conservateurs appellent « les persécutions religieuses » s'est étendu à tout le territoire, les princes ont été exilés, les crises diverses que nous traversons se sont aggravées, les impositions augmentent tous les jours, finalement nous avons mérité les colères de l'Allemagne, etc., etc. J'en passe et d'aussi bonnes encore.

On peut, on doit même conclure de là que l'espoir de ramener et de conserver définitivement à la République les trois millions d'électeurs qui s'en sont détachés au mois d'octobre 1885, espoir que vous avez exprimé dans votre discours du 18 août dernier, ne peut reposer aujourd'hui sur ce qui a pu être fait *de bien* depuis les dernières élections, mais simplement sur ce que vous pourrez avoir fait de *mieux* pendant la durée de votre présent ministère. C'est là évidemment ce qui grandit l'importance extrême de votre action personnelle. Je ne m'en plains pas, seulement il était bon de le constater.

Loin donc d'avoir perdu du terrain depuis deux ans, le parti dit conservateur ou monarchique, le seul qui soit sérieusement à craindre, puisque les impérialistes ne sont plus possibles de longtemps, si tant est qu'ils existent encore comme parti politique, les monarchistes, dis-je, me paraissent tout au contraire en avoir passablement gagné.

M. le comte de Paris a dit à Jersey que tout était prêt pour sa rentrée en France. Plus récemment encore, ses instructions dernières le font rentrer en scène et reprendre l'offensive d'une façon assez bruyante. Déjà même avant ce dernier incident la presse semblait avoir perdu toutes ses illusions à votre égard, surtout depuis que le discours du 18 août, même sans avoir prononcé le *mot décisif*, lui avait semblé un retour suffisamment prononcé vers les diverses fractions de la nuance républicaine.

Aussi, depuis quelques jours non seulement il n'est plus question de s'attarder (s'il est vrai qu'on s'y soit arrêté une seule minute) à la combinaison ultime de M. Raoul Duval, reprise tout récemment par l'honorable M. Lepoutre, mais encore les principaux journaux monarchiques, le *Soleil* en tête, s'occupent déjà d'organiser en France une propagande nettement antirépublicaine... Et nous sommes encore à deux ans des élections prochaines. Que sera-ce donc plus tard? En vérité, les voiles sont déjà tombés et vos adversaires politiques vous récompensent assez mal de les avoir ménagés et de n'avoir pas pris vis-à-vis eux une attitude de combat!

Parlons maintenant des personnalités qui seraient tentées, avez-vous dit, de ne pas respecter la légalité républicaine et c'est sans doute en vertu de cette crainte, de cette suspicion de droite et de gauche, qu'après avoir exilé presque tous les princes, on a envoyé le général Boulanger à Clermont-Ferrand. Mais alors, tout le monde y passera, les uns après les autres! Ne vous semblerait-il pas qu'un régime qui est enraciné dans le pays aussi fortement que vous le dites, ne devrait pas être aussi ombrageux que cela?

Des personnalités, est-ce qu'il n'y en aura pas toujours et même il en faut, à moins que vous ne supposiez que chacun doit rester chez soi de peur de compromettre la République. Depuis 1871 n'avons-nous pas toujours eu des personnalités et des plus illustres encore, telles que Thiers, Gambetta, Chanzy, de Freycinet, l'amiral Courbet? Ce dernier, on ne l'a pas envoyé à Clermont, c'est vrai, mais on l'a expédié en Chine, même qu'il en est mort, ce qui n'est pas ce que M. Jules Ferry a fait de plus beau. Tous ces grands citoyens, si recommandables à des titres divers et qui ont rendu au pays des services exceptionnels, les a-t-on accusés pour cela de vouloir mettre la République dans leur poche?

M. Jules Grévy, lui aussi, est une haute personnalité, et sa longue existence de républicain n'a-t-elle pas beaucoup aidé à établir en France le régime sous lequel nous vivons et pour lequel on combat depuis quarante ans? Ces derniers temps, il s'est rencontré au ministère de la guerre (vous voyez que ce n'est pas toujours au même endroit), il s'est trouvé, dis-je, un patriote émérite, un soldat incomparable, un cœur élevé, aimant la République et son pays, et qui, en faisant peur à l'Allemagne, nous a sans doute évité une guerre effroyable. Vous l'avez récompensé en l'éloignant et en diminuant sa position, toujours en vertu de cette éternelle loi des *suspects*, qui a déjà perdu deux Républiques!

C'est là le vice originel de votre avènement au Pouvoir, c'est dommage! mais cet incident, ce malentendu n'est pas irréparable, et c'est pour ce motif que je cherche aujourd'hui à faire rentrer dans votre jeu contre les monarchistes *cet atout républicain*, que vous avez indûment mis à l'*écart*.

Enfin, Monsieur le Ministre, et en fait de personnalité, il y a la vôtre, et à l'heure qu'il est, ce n'est pas la moins considérable, puisque sur votre tête repose la charge financière la plus lourde qui ait jamais été imposée à un ministre français. Il est vrai que vous avez deux ans devant vous, mais vraiment ce n'est pas trop pour nous retirer du gouffre financier dans lequel la France, mal conduite depuis huit ans, a été entraînée et s'y débat pour s'y enfoncer chaque jour davantage.

Depuis que vous êtes ministre, j'ai eu l'honneur de vous adresser quelques réflexions modestes, mais patriotiques sur cette grosse question, réflexions qui, sans doute, ne sont pas arrivées jusqu'à vous-même. Peut-être que l'un de vos garçons de bureau les a lues, ce qui m'honore beaucoup, mais ce qui n'est pas suffisant. C'est pourquoi je me suis décidé à publier en brochure ce petit travail pour lequel je suis loin d'avoir la compétence voulue, mais où il n'y aurait cependant et pour rester dans la vérité, qu'à redire ici ce que répètent, depuis des années, des esprits éminents et ferrés sur la matière, tels que MM. de Soubeyran, Germain, Leroy-Beaulieu, Jules Simon, et des journalistes exercés, comme M. de Kerohant dans le *Soleil*.

Mais pour citer ici quelque chose de mon cru et qui rentre assez dans les grandes lignes de la politique générale, voici ce que je disais dans un des principaux passages du mémoire auquel je viens de faire allusion : En l'état de choses, vous pouvez réunir non seulement la majorité de la Chambre, mais peut-être bien encore l'*unanimité* de ses voix. En effet, les conservateurs. d'une part, ont toujours reproché au régime actuel les gaspillages financiers; donc, si vous dépensez moins et que vous fassiez des économies, ces conservateurs, aussi bons patriotes que les autres, peuvent voter et rester avec vous. D'un autre côté, nos finances sont dans un délabrement tel que des réformes *radicales* peuvent *seules* les sauver. Donc encore, vous serez avec les radicaux, si vous avez le courage de procécer à des transformations sérieuses de ce côté.

Ce sera, et jusqu'à nouvel ordre, de la politique financière *radicale* sans les *radicaux*, ce qui est un peu la mienne pour le moment. Ces radicaux qui, au fond, sont bons princes et moins farouches qu'on ne le suppose, s'en contenteront, du moment que c'est en vue du bien général; car, ceux d'entre eux qui, ne le comprenant qu'à demi, ne vous suivraient pas sur ce terrain neutre de salut public, seraient des gens qui aiment moins leur pays que l'étiquette de leur nuance politique, ce qui serait un crime, et je ne suppose pas qu'il en existe en France, qui en soient capables!

Bien que placé dans une situation apparente assez difficile, vous pouvez donc, vous êtes appelé à rendre à votre pays, et cela le plus aisément du monde, les grands services qu'il attend de vous. Vous pouvez, vous aussi, devenir un grand ministre. Vous n'êtes pas populaire, mais vous le deviendrez si la République ne continue pas à vider le porte-monnaie de chacun! Le cardinal de Richelieu et Mazarin n'étaient pas populaires non plus, ce qui ne les a pas empêchés d'accomplir de grandes choses. D'ailleurs, si le général Boulanger revient au Ministère, ce que tout le monde croit, en fait de popularité, il en a à revendre à deux ou trois ministres.

Vous allez sans doute me répondre : « Très bien! » Cette unanimité dont vous parlez, admettons, à la rigueur, qu'on puisse y arriver sur le terrain financier proprement dit; mais dans les autres compartiments de la politique, qu'en adviendra-t-il, de cette unanimité? Mon Dieu! c'est bien simple! et je crois l'avoir déjà dit quelque part.

En dehors de notre reconstitution financière et pendant deux ans, les fractions avancées de la République ne devront *rien exiger* ou *peu de chose*; et, cela étant à gauche, les conservateurs à droite, voyant que le Ministre absorbé par une besogne spéciale exclusive, laisse, jusqu'à nouvel ordre, dormir, sommeiller une foule de questions accessoires, irritantes, qui les séparent des républicains proprement dits, les conservateurs, dis-je, continueront à voter pour un cabinet qui aura désarmé pour tout ce qui n'est pas d'*ordre financier*.

Et voilà comment vous pouvez, monsieur le Ministre, obtenir les suffrages de la droite, sans être suspecté de connivence politique avec elle et en même temps ceux de toutes les gauches, sans pour cela être accusé de continuer une politique radicale sur toute la ligne; c'est ainsi encore qu'une politique bien nette vous permettra de nous refaire de bonnes finances, ce que, précisément, j'ai voulu démontrer.

Tout cela dit, examinons maintenant et à vol d'oiseau par quels voies et moyens techniques vous pourriez réaliser le grand programme financier qui est votre principale raison d'être, sur lequel tout le monde a les yeux et que naguère, Gambetta, notre illustre compatriote, nommait la politique des *résultats*.

Vous avez du premier jet réalisé une économie de cent vingt-neuf millions. C'est un début brillant, mais ce n'est qu'un début. M. Leroy-Beaulieu dit bien, lui, que sur cette somme il y a cent dix millions qui ne sont que des expédients, des trompe-l'œil ; mais moi, je considère cette première série comme acquise, car jamais je ne mets en doute la parole d'un ministre.

En revanche et comme depuis huit ans nous dépensons chaque année quatre à cinq cents millions de plus que le montant des ressources normales, il s'ensuit qu'il vous faut arriver, coûte que coûte, *per fas et nefas*, à vous dépouiller de cette dépense supplémentaire annuelle soit par des réductions, soit par des recettes nouvelles, soit moitié par les unes, soit moitié par les autres et toujours dans tous ces cas, sans *impôts* ni *emprunts nouveaux*.

Il y a lieu de faire disparaître le budget extraordinaire qui atteint encore cent vingt-deux millions, la dette flottante qui est près de quatorze cents millions et les obligations sexennaires qui ont constitué jusqu'ici l'emprunt à jet continu et à court terme et qui se montent à près de six cents millions. Vous avez déjà fait rentrer le budget extraordinaire des travaux publics dans le budget ordinaire, mais ce n'est pas encore assez ! Il faut encore y pousser, sinon en douceur du moins à coups de maillet patriotique, les cent vingt-deux millions de crédits nouveaux affectés à la guerre et à la marine. Je viens d'apprendre que vous êtes obligé de renouveler à la fin de 1887, quatre-vingt-deux millions de ces obligations sexennaires venant à échéance à ce moment-là. Après vos brillants débuts, n'est-ce pas là un grave échec ? Renouveler comme un simple commerçant qui ne peut faire face à une traite tirée sur lui : quelle misère pour un gouvernement qui, depuis 1871, a endetté la France de plus de dix milliards. Il fallait absolument trouver une contre-partie pour cette échéance. C'est autant de rejeté sur l'année prochaine, laquelle en aura encore bien d'autres sur le dos ; et même ce n'est pas tout, puisqu'il vous faut trouver encore cent millions pour les garanties d'intérêts aux chemins de fer ! Actuellement et si, convertisant le 4 1/2 ancien, vous conservez les quelques millions de profit, en résultant, au seul avantage de gager un emprunt de cent soixante-dix millions, si vous faites une opération semblable pour consolider la dette flottante, si encore vous ne trouvez pas sans emprunts ni impôts, des ressources nouvelles pour faire face à l'extinction successive des bons sexennaires par un simple excédent réel et suffisant, alors vous tombez et restez, comme vos prédécesseurs, dans l'ornière du passé ; vous ne montrez pas plus qu'eux un génie inventif, fécond, inflexible, vous continuez simplement alors et comme eux encore, ou la détestable insouciance opportuniste ou bien l'insuffisance légendaire du St-Dauphin. Dans tous ces cas, il n'y aurait plus pour vous aucune raison pour demeurer au ministère, et il nous faudrait immédiatement un cabinet radical pour porter cette fois une main plus hardie dans les taillis touffus de notre budget de trois milliards passés !

La bonne foi, la sincérité sont à l'heure présente les premières vertus gouvernementales et financières. Vous voulez, dit-on, aller chercher au fin fond de nos budgets et établir un exposé net, complet de toutes nos recettes et dépenses effectives, sans en omettre ni en cacher aucune. Mais rien que cela, si vous y arrivez, c'est un pas énorme, c'est une voie sûre et lumineuse, qui fera tomber pour toujours tout cet échafaudage menteur, toute cette fantasmagorie financière dont on nous a leurrés depuis tant d'années !

On a paru équilibrer le budget de 1888, mais il faut se rappeler qu'il y a encore une foule de fissures ignorées du plus grand nombre, fissures à travers lesquelles s'échappe goutte à goutte l'argent, j'allais dire le sang de la France ; car, l'un n'est-il pas aussi un peu de l'autre ?

C'est ainsi que vous avez comme dépenses *latentes*, en attendant les ressources latentes, puisque le mot est à la mode, que vous avez, dis-je, une foule de caisses spéciales qui exécutent des virements comme de simples escamotages, vous avez les caisses d'épargnes, les chemins algériens, le réseau de l'Etat, les travaux des ports et canaux, les subventions aux communes, les dépenses scolaires, les opérations légendaires de trésorerie !

Presque tous ces articles constituent des déficits permanents, n'étant pas compris régulièrement dans les grandes lignes du budget ordinaire, déficits qui sont venus sans interruption grossir notre dette flottante. J'ai posé en principe tout à l'heure, que chaque année et par une foule de canaux insaisissables nous dépensions quatre à cinq cents millions de plus que les chiffres avoués, ce n'est pas moi qui l'ai dit, c'est M. Germain, c'est M. Leroy-Beaulieu et tant d'autres. Il faut donc faire disparaître ou brûler ce chancre financier qui nous dévore.

Si l'on y arrivait, peut-être pourrait-on alors contracter un emprunt général de liquidation ou mieux encore, réunir et établir notre passif extra-budgétaire en une seule masse globale, visible à l'œil nu ; et, cela étant, créer un amortissement sérieux, implacable de *deux cents millions*, par exemple, pour pouvoir en dix ans au maximum avoir remboursé *tout, absolument tout* ce qui n'est pas le budget ordinaire, c'est-à-dire ce qui ne doit se dépenser qu'avec des recettes sérieuses, effectives, réelles.

Actuellement, est-il donc si difficile de trouver quatre à cinq cents millions d'économies ou recettes nouvelles ? La fraude sur le sucre est annuellement de douze millions ; celle sur les alcools, de cent ; celle en matière de droits de mutation est évalué à vingt. Voilà déjà cent trente-deux millions qui échappent au Trésor. La gauche radicale vient de faire paraître un programme qui porte deux cent trente-deux millions de réduction. Supposons qu'après l'avoir passé au crible il ne puisse être adopté que la *moitié*, soit cent seize millions, lesquels ajoutés aux cent trente-deux millions réalisés, d'autre part, feraient deux cent quarante-huit millions; nous aurions déjà dans ce premier décompte plus de la *moitié* de ce qu'il nous faut trouver pour établir dans nos budgets un équilibre réel et définitif.

Et remarquez bien, Monsieur le Ministre, que dans cette série initiale de réduction je ne fais entrer en ligne de compte ni l'établissement du monopole ou même les modifications moins radicales du régime des alcools, ni la revision des conventions de 1883, ni la diminution des travaux publics, ni celle des dépenses scolaires, ni la suppression du privilège des bouilleurs de cru, ni la réforme fiscale des contributions directes et indirectes, ni la refonte du cadastre, ni la meilleure répartition de l'impôt foncier en ce qui concerne la propriété bâtie, ni l'élagage à opérer dans l'armée des fonctionnaires, armée qui nous coûte 100 millions de plus qu'en 1871, ni la taxe militaire, ni un timbre supplémentaire sur les opérations à terme, ni la possibilité de diminuer la marée montante des retraites civiles et militaires par le recul de la limite d'âge, vu l'augmentation notable de la moyenne de la vie humaine, etc., etc.

Je ne parle pas non plus du projet d'unification générale de la Dette, projet qui est peut-être plus séduisant que réalisable. On prétend que la haute banque y est opposée parce que ses commissions seraient minimes. Je ne crois pas à cette petite calomnie. La haute banque, elle aussi, a prouvé à l'occasion son patriotisme. Ce projet, en tous cas, peut être étudié. Il présenterait des ressources considérables; les pays voisins convertissent ou ont converti, pourquoi la France ne convertirait-elle pas, elle aussi ?

En vérité, Monsieur le Ministre, et rien qu'à cette énumération sommaire il me paraît qu'il serait facile de dégrever notre budget annuel de cette somme de 400 millions que j'ai mentionnée plus haut et que les monarchistes vous accusent de dépenser, bon an, mal an, en plus de vos recettes normales. Vous n'avez que l'embarras du choix, il n'y a qu'à le vouloir, et toute la France applaudirait à vos efforts sur ce point capital.

Car le salut de la République est là, là surtout! Il ne faut pas qu'on dise plus longtemps que jusqu'ici ce régime nous coûte horriblement cher, que ceux qui l'ont établi ont toujours dépensé sans compter et comme de simples parvenus, parce que leur tour de s'asseoir au banquet était arrivé.

C'est le germe d'une maladie mortelle, que l'état de choses d'aujourd'hui renferme dans son sein; il faut y porter une médication prompte et énergique. Tout le monde vous aidera dans cette tâche patriotique, laquelle prend ou peut prendre d'autant plus de gravité qu'elle se lie étroitement à la situation dangereuse de nos relations extérieures.

En effet, et avec un état financier aussi lourd, aussi

surmené, aussi peu élastique, le moindre embarras au dehors, compliqué d'une charge nouvelle, arriverait aux proportions d'un désastre national. Et alors tout l'édifice que vous auriez échafaudé avec tant de peine s'écroulerait dans une banqueroute effroyable, entraînant avec elle le gouvernement de la République.

Veuillez agréer, Monsieur le Ministre, l'expression de mes sentiments respectueux.

De Grammont.

LETTRE A M. JULES GRÉVY

Paris, le 16 septembre 1887

Monsieur le Président de la République,

Il y a quelques années, M. Wilson, votre gendre, M. Martin-Feuillée, ancien garde des sceaux, et vous même, avez bien voulu appeler l'attention de M. Tirard, à cette époque Ministre des Finances, sur l'intérêt tout spécial qui s'attachait à ma situation et à mon infortune particulières. Cependant je n'ai rien pu obtenir.

Plus récemment, M. Rouvier aurait peut-être fait quelque chose en ma faveur, mais à la dernière heure j'ai eu l'inspiration malheureuse, paraît-il, de me déclarer à lui comme attaché à la cause du général Boulanger. Convaincu en effet que cette cause est aujourd'hui celle de la Nation tout entière, j'ai dans cette circonstance et comme toujours fait passer le sentiment de ma conscience avant mes intérêts personnels. Et m'étant rappelé qu'autrefois Esaü avait vendu son droit d'aînesse pour un plat de lentilles, j'ai pensé que je vous pouvais bien, moi, sacrifier pour le Général le dernier espoir d'un *emploi de finances*, que j'attends depuis dix ans. C'est donc du général Boulanger que j'ai l'honneur de venir vous parler aujourd'hui dans les lignes qui vont suivre.

La République n'a pas eu, n'a pas encore de serviteur plus fidèle, plus dévoué que l'ancien Ministre de la guerre. En résistant à des adulations intéressées soit même de bonne foi, et à des ouvertures suspectes soit même justifiées, les unes et les autres fort alléchantes, le Général a montré une force d'âme, une élévation et un désintéressement de caractère, qui doivent constituer à vos yeux et en sa faveur une expérimentation décisive; c'était la *pierre de touche* de son véritable républicanisme.

Il a organisé la défense nationale dans un moment critique et redonné à la Nation comme à l'armée pleine confiance en elles-mêmes. Il a de cette manière éloigné de nos frontières un ennemi formidable de la France. Il a épargné au pays une guerre terrible et, comme je l'ai déjà dit, ce service, quelque grand qu'il soit, ne nous a coûté ni un écu, ni une larme, ni une goutte de sang. Si cependant la guerre avait éclaté, on peut dire qu'il avait mis de son côté et pour son pays tous les éléments probables de la victoire!

La popularité acquise ainsi par le général Boulanger, popularité qui en a été la résultante glorieuse devient aujourd'hui un facteur de premier ordre pour le salut même du régime républicain.

Vous ne pouvez donc pas, Monsieur le Président, votre amour du bien public ne peut pas négliger plus longtemps de faire rentrer ce facteur important en ligne, au moment même où le drapeau monarchique étend déjà ses plis ambitieux sur une bonne moitié de la France!

Ceux qui sont venus du Sénat vous conseiller de vous séparer du Général sont certainement moins républicains que lui, tandis que, tout au contraire, ceux qui, comme MM. de Freycinet et Floquet, avaient consenti à le maintenir à son poste sont des hommes connus de vous depuis longtemps, vétérans à l'instar de vous-même, de la troisième République, hommes enfin qui ont toute votre confiance et qui jouissent d'une grande autorité dans le pays!

Je suis donc persuadé que vous feriez une chose bonne tant pour la République que pour votre propre honneur si, pour couronner votre longue et si digne carrière, vous associiez au Pouvoir et pour la deuxième fois un homme loyal et bon patriote, que la Nation estime et dont le retour, soyez-en sûr, serait accueilli par des acclamations enthousiastes!

Dans un moment où il est tant besoin d'union, de concorde et de paix, je me suis encore demandé s'il ne serait pas conforme aux intérêts supérieurs du pays, de voir sous votre haute égide légale et dans la double personne de M. le Président du conseil et du général Boulanger, de voir, dis-je, s'opérer une réconciliation présentant alors les éléments réunis d'une double force financière et morale.

On dit plus. On dit en effet et pour ne parler ici que de la tête de colonne, que M. Rouvier, déjà chargé d'une tâche spéciale aussi lourde que la sienne, céderait volontiers la présidence du Conseil à un personnage dont l'autorité gouvernementale serait mieux assise, plus ancienne. Dans cette hypothèse, ce ne seraient plus *deux*, mais *trois* forces que vous auriez groupées autour de vous, assurant ainsi la stabilité ministérielle jusqu'aux premières élections !

Trois millions d'électeurs sur sept se sont éloignés de la République en 1885. Depuis cette époque et même longtemps avant, j'avais, moi, mille et une excuses pour suivre le même chemin. Mais ce que j'ai vu et appris du Général m'a rattaché à l'objet même de ses propres prédilections. Certes, c'est bien peu de chose que cette conquête infinitésimale ! mais elle fera des petits, croyez-le bien, et vous en verrez en 1889 et, pour le même motif, le nombre prodigieusement s'accroître !

De l'aveu de tous et comme, d'ailleurs, vous-même, Monsieur le Président, vous l'avez laissé à entendre dans votre réponse toute récente à M. le maire de Mont-sous-Vaudrey, l'action du Pouvoir exécutif a besoin d'être légèrement renforcée par suite de la prédominance exagérée de la vie parlementaire.

Si donc, comme on l'espère, la revision de la Constitution avait lieu dans cet ordre d'idées, il y aurait encore là comme un nouveau service rendu par le Général à nos institutions républicaines. Car, sur son nom se serait raffermie l'autorité gouvernementale dont tous à l'envi semblent déplorer l'insuffisance en l'abreuvant de critiques les plus amères.

Au cours de ce travail j'ai montré quelquefois, et dans des termes un peu sévères, les fautes qui ont été commises depuis seize ans et parmi lesquelles plusieurs sans doute eussent été évitées si le Pouvoir exécutif avait eu une plus haute main sur un certain nombre de questions dont la toute-puissance parlementaire a pris soin de le désintéresser. Les responsabilités trop divisées, trop disséminées se réduisent en poussière. Voyez une machine en mouvement ! deux yeux bien exercés et rompus à une inspection sévère y verront quelquefois mieux qu'une nuée de contrôleurs, qui se borne à un coup d'œil d'ensemble.

On a paru, dans certains milieux républicains, craindre ce qu'on pourrait appeler les idées trop avancées du Général. Vaine frayeur ! dans quelque situation que se trouve le général Boulanger, il ne sera l'organe ni l'homme d'aucun parti politique. Certes, il tient au progrès social qui est la meilleure raison d'être du régime républicain, mais il sait aussi que, pour le moment, planent sur notre situation des préoccupations plus graves encore si c'est possible !

Je rend l'hommage qui leur est dû au dévoûment et au zèle admirables avec lesquels les hommes, officiers et soldats du 17e corps d'armée ont accompli leur période active de mobilisation. Mais beaucoup de personnes impartiales se sont demandé si cette expérience qui vient de coûter huit millions avait produit *l'effet décisif* qu'on devait en attendre, étant donnée la faute capitale commise au début.

Je n'ai pas l'honneur de connaître M. le général Ferron,

il ne m'a rien fait et je lui suis sans doute absolument indifférent; cependant et comme électeur aussi bien que comme ancien officier d'une compétence reconnue, peut-être ai-je le droit de dire ici ce que toute la France répète depuis quinze jours.

Je dis donc que l'essai de mobilisation qu'on voulait faire ne consistait pas surtout dans le plus ou moins de rapidité, que les diverses unités *une fois prévenues* devaient mettre à accourir et à se concentrer; en cela le zèle et l'ardeur de chacun ne pouvaient laisser aucun doute. Mais, ce qui était plus important encore, essentiel au premier chef et même *presque sacré*, c'était que le corps à mobiliser eût été pris à l'improviste, inopinément, averti seulement *quarante-huit heures à l'avance*, comme cela peut avoir lieu à la veille d'une déclaration de guerre. Cette période préparatoire de la mobilisation est peut-être la plus *délicate* parce qu'elle implique la *mise en train*, qui est toujours la chose la plus difficile à obtenir. C'est en effet dans ces commencements d'exécution, *seuls*, qu'on pouvait bien voir de quelle manière, surtout en haut de l'échelle, chacun s'arrange et se débrouille. Or c'est là précisément ce qui n'a pas été fait puisque, d'une part, le 17e corps d'armée était prévenu officieusement depuis un mois et que, d'autre part, une nouvelle indiscrétion a été commise trois ou quatre jours avant même l'ouverture de l'opération. Il y a donc eu à un mois d'intervalle deux secrets professionnels absolument violés. Cela étant, je dis, moi, que le chef suprême de l'armée, quel qu'il soit, qui a eu le malheur de faire ou de laisser faire ces deux fautes, que ce chef, dis-je, doit abandonner son portefeuille!

Actuellement, et si contre notre attente et notre vouloir même, la guerre venait à nous être imposée, l'opinion publique, l'armée, la nation ont déjà et d'avance désigné le général Boulanger comme le futur généralissime de toute les armées françaises. D'après cela, d'après ce mouvement des esprits, ne serait-il pas rationnel de rendre dès aujourd'hui au commandant du 13e corps d'armée une situation plus centrale et plus haute, situation qui lui permette d'achever l'organisation générale de l'armée et de saisir, d'un coup d'œil d'ensemble, les rouages infinis de cette immense machine de combat ?

A propos de ces dernières considérations militaires et avant de finir cette lettre, qu'il me soit permis de hasarder ici la réflexion essentielle que voici : notre essai récent de mobilisation, quelque parfait qu'il ait été, ne résout malheureusement que la *moitié* du problème posé; et voici pourquoi. Sous prétexte de défendre l'Alsace et la Lorraine menacées par nous, l'Allemagne y a concentré et y entretient là, ainsi que dans les provinces limitrophes, une agglomération de troupes telles que, quoi que nous puissions faire au moment décisif, cette agglomération sera toujours, pendant *les huit ou dix premiers jours de la campagne*, d'une supériorité écrasante sur nos propres concentrations initiales.

Y aurait-il, le cas échéant, un moyen de parer à cet inconvénient grave entre tous? Je le crois, il y en a même plusieurs. Et c'est justement pour cela que le 4 janvier 1887 et dans le dernier des quatre mémoires remis par moi à M. le général Boulanger, j'ai développé les voies et moyens stratégiques susceptibles de nous soustraire aux conséquences diverses et très fâcheuses de cette infériorité numérique, momentanée, mais forcée et fatale, des débuts d'une grande guerre avec l'Allemagne.

La question est assez intéressante pour mériter d'être étudiée, et l'étude que j'en ai faite présente, en quelque sorte, comme la contre-partie des idées personnelles du Général, idées auxquelles j'ai fait allusion dans la dédicace; en un mot, elles se complètent l'une par l'autre, mais on comprendra facilement que je ne puisse en dire davantage ici. J'ai donné l'éveil à ce propos. Que nos camarades, plus jeunes et plus experts aujourd'hui que je ne puis l'être, s'ingénient à compléter mes quelques notes sommaires, en parcourant ce champ indéfini d'explorations patriotiques!

Je termine, Monsieur le Président, cette lettre déjà un peu longue, en vous disant une dernière fois :

L'ancien Ministre de la guerre aime la République; pourquoi ne serait-il pas attaché à vous-même, à vous qui en êtes l'expression légale la plus haute?

Le Général sera votre bâton de vieillesse, le bras droit de M. le Président du Conseil, et, par-dessus tout, le gardien fidèle, armé jusqu'aux dents, des institutions républicaines au dedans et du sol sacré de la Patrie au dehors!

Avant le manifeste du comte de Paris, cette solution me paraissait bonne; *après*, je crois que c'est la meilleure.

Elle s'impose donc aujourd'hui à votre sagesse, à votre patriotisme, à votre gloire!

J'ai l'honneur d'être, Monsieur le Président de la République, votre très dévoué, très obéissant et très respectueux serviteur,

De Grammont,

Capitaine en retraite, chevalier de la Légion d'honneur
et de plusieurs ordres étrangers,
médaillé de Chine,
ancien sous-préfet en Basse-Cochinchine,
ancien magistrat militaire, combattant de 1848,
auteur de plusieurs ouvrages et brochures.

CINQUIÈME PARTIE

REVUE SOMMAIRE

DE

QUELQUES QUESTIONS ACCESSOIRES

ENCORE UN PEU DE POLITIQUE POUR FINIR

LE MANIFESTE DU 15 SEPTEMBRE DU COMTE DE PARIS.

Paris, 22 septembre 1887.

Les développements assez considérables auxquels j'ai été entraîné à propos des quatre premières parties de mon travail ne me laissent aujourd'hui que très peu de temps et de place pour passer une revue, même sommaire, des quelques questions accessoires qui devaient faire l'objet d'un dernier chapitre. Cette circonstance est d'autant moins regrettable que, sauf deux ou trois de ces questions, toutes les autres ne rentrent pas précisément dans le cadre spécial que je m'étais proposé de remplir, en publiant cet opuscule. Je vais donc me borner à dire ici quelques mots rapides de chacune d'elles, me réservant de les examiner plus tard et avec l'étendue qu'elles comportent, dans une ou plusieurs conférences et brochures.

§ I. — *Quelques derniers mots sur la question sociale.*

Je préciserai une autre fois ce que j'entends par *socialisme de gouvernement*, terme moyen queje propose entre le socialisme d'Etat, que je repousse, et les différents socialismes scientifiques qui, pour la plupart, me paraissent encore d'une digestion assez difficile pour l'estomac de la classe moyenne de nos contemporains. Au mois d'octobre 1883, dans le journal de la Finance française et plus tard dans un rapport adressé à M. Wilson, j'ai demandé la création d'un ministère des *affaires sociales*, lequel, d'une part, centraliserait tout ce qui concerne les bourses du commerce et du travail, en France, et, de l'autre, se prêterait à l'étude de toutes les propositions émanant des différents groupes socialistes. Ce serait faire revivre, mais sous un aspect plus haut, plus pratique et avec l'espoir de résultats moins éphémères, les fameuses séances du Luxembourg, tenues en 1848 par feu Louis Blanc. Dans cette hypothèse, le ministère de l'agriculture serait supprimé et réuni à celui du commerce et de l'industrie, ces trois derniers objets allant rationnellement ensemble.

§ II. — *De la loi militaire.*

Le service de trois ans, nouvellement décrété, peut, à la rigueur, calmer les appréhensions des patriotes les plus timorés, à la condition d'être appliqué dans *son plein* et d'une manière inexorable. Il faut aussi se rappeler ceci, comme correctif technique à cette loi, empreinte peut-être d'un peu trop de démocratie, que la théorie du *nombre*, certes, n'est pas mauvaise en face les gros bataillons de l'Allemagne. Mais, en même temps, il ressort d'une foule d'indices que, le cas échéant, nos adversaires futurs présumés chercheront à nous vaincre par *d'autres voies et moyens* que ceux dont ils se sont servis en 1871. *Non bis in idem!* Je n'en dis pas plus long pour le moment, mais à bon entendeur, salut! Quant à l'affaire des séminaristes, je la considère comme un enfantillage de la Chambre. Dans des armées d'un million d'hommes, il y aura toujours mille manières de les utiliser à la guerre, sans pour cela leur faire tenir précisément un fusil.

§ III. — *De la suppression des octrois.*

On a dit, peut-être avec quelque raison, que la suppression des octrois n'abaisserait guère le prix des denrées, tout en imposant au public qui consomme et par répercussion des charges nouvelles qu'il n'a pas aujourd'hui. Cependant, la pratique de l'octroi est tellement odieuse et vexatoire qu'il est bon d'essayer de la faire disparaître. C'est une des plus grandes réformes sociales qu'on puisse accomplir, et la réussite qui en aurait lieu suffirait à elle seule à mériter à un ministre la reconnaissance de toute la Nation.

§ IV. — *Protection et libre-échange.*

Il faut être libre-échangiste par principe, mais protecteur par nécessité, ce qui est notre cas particulier à l'heure présente. Après la guerre de Sécession, l'Amérique qui avait une dette de 17 milliards, ne s'est sauvée que par la protection à *outrance*. Cette dette, elle l'a payée et la nôtre est encore le *double*. Comment lutter avec des gens qui produisent et travaillent à meilleur compte que nous, nous qui plions sous le poids de toutes nos charges ?

§ V. — *Chemins de fer de l'Etat.*

Il vient de se publier à ce sujet un travail remarquable des conclusions duquel il résulte que la vente de ce domaine ferré, ajoutée à un léger droit de navigation, nous procurerait une ressource liquide de neuf cent millions, plus une réduction de trente millions de dépenses annuelles. Cette proposition, certes, est séduisante. Cependant et avant de s'y résoudre, ne faut-il pas tenter l'impossible, pour ne pas toucher à cette réserve métallique de près d'un milliard, laquelle pourrait être nommée notre *trésor de guerre?* Tant qu'on n'aura pas désarmé il ne faut pas manger tout son bien, il faudrait peut-être mieux se priver d'autre chose.

§ VI. — *De la petite Banque de France.*

Telle qu'elle est encore constituée, la Banque de France est l'un des derniers refuges de l'oligarchie monarchique financière et qui sera des plus difficiles à abattre. Son privilège va expirer dans quelques années; ce serait une occasion superbe pour démocratiser cette institution surannée dont les règlements ridiculement sévères l'empêchent de rendre tous les services financiers qu'on serait en droit d'en attendre. J'ai lu dernièrement un beau travail sur un projet de création d'une *petite Banque de France*, laquelle doublerait les bénéfices de la Banque actuelle, tout en répondant à une foule de besoins nouveaux et au sujet desquels ses guichets vous font aujourd'hui visage de bois.

§ VII. — *De la Commission des budgets.*

La manière dont fonctionnent les Commissions budgétaires sont une des applications les plus outrageantes de la toute puissance parlementaire à l'égard du ministre des finances; on l'a bien vu sous les ministères Sadi-Carnot et Dauphin. Si le ministre des finances est responsable devant la Chambre, il doit avoir les bras moins liés vis-à-vis les commissions. Il faut absolument qu'il se dégage de ces bandelettes et qu'il garde son initiative personnelle, ne s'aidant ainsi des commissions qu'à titre consultatif.

§ VIII. — *Souvenir historique à propos d'économies.*

Aux élections de 1885, j'avais rédigé une sorte de manifeste électoral, où déjà je demandais à grands cris des économies budgétaires. La minute de ce projet a été par mégarde emportée par M. Paul Bert dans ses malles. Son gendre, M. de Chailly, n'a pu la retrouver, mais il s'est empressé d'en offrir son témoignage.

§ IX. — *Des Canaux des Deux-Mers du Nord et de Paris à la mer.*

Passe pour le dernier puisque la distance est assez courte, les replis de la Seine assez nombreux et le trafic important. Mais quant aux deux autres, ce sont des idées d'un autre âge. On sait les fortes déconvenues pécuniaires qu'ont occasionnées les canaux de l'Est. Les canaux sont aux chemins de fer ce que les anciennes *foires* seraient aujourd'hui aux expositions du grand commerce : il ne faut pas en abuser. — L'exemple du canal militaire que l'Allemagne va faire exécuter au sud du Danemark, n'est-ce pas concluant, c'est un travail d'enfant relativement au canal des Deux-Mers.

§ X. — *Du Canal de Panama.*

Avec l'argent du monde entier, c'était une œuvre sublime, avec l'argent seul de la France c'est une duperie, une absurdité, même un crime financier. Je l'ai écrit à M. de Lesseps, le 14 juillet 1886, c'est-à-dire une année avant que M. Leroy-Beaulieu ne le dise dans l'*Economiste*. Notre grand Français en est arrivé à cet état d'esprit, de Napoléon Ier en 1811, avant la guerre de Russie, c'est la folie du génie. Le Panama sera le plus grand désastre de notre siècle.

XI. — *De l'Exposition de 1889.*

Au mois de mars 1886, j'ai fait remettre à M. Edouard Lockroy un mémoire ayant pour objet de faire renvoyer à 1890 l'exposition internationale projetée pour 1889, cette année-ci devant être réservée, selon moi, à la célébration du seul centenaire politique de notre révolution. C'est une faute si les choses n'ont pas lieu ainsi. C'était une politesse et une concession bien inoffensives à faire à toutes les monarchies de l'Europe ; nous aurions eu *deux* années de fête au lieu *d'une*, tout le monde y eût gagné, Paris, la province, les chemins de fer et la République même !

§ XII. — *Du Métropolitain.*

Personnellement je ne suis pas partisan du Métropolitain, parce que je trouve qu'avant d'entreprendre une besogne aussi formidable il y avait *mille choses* à essayer, choses qu'on ne s'est pas donné la peine d'étudier et telles, par exemple, que la traction à air comprimé, électricité, etc., etc., ainsi que l'abolition du monopole des *Omnibus*, monopole après lequel on crie à distance, mais sans oser y toucher.

Sous le bénéfice de ces réserves de principe et si l'on en veut un absolument, j'ai proposé la seule solution qui soit économique, rationnelle et satisfaisante pour tous. Je m'en suis ouvert aux Finances, aux Travaux publics et au Crédit foncier, je n'ai reçu aucune réponse; je n'ai pu trouver accès dans aucun journal; la location des salles de conférences vous coûtent les yeux de la tête. Impossible de répandre une idée nouvelle! J'ajoute enfin que l'Etat doit participer dans une large mesure à cette dépense, ainsi qu'à celle de tous les grands travaux de Paris; c'est encore la contre-partie du mode de voir que j'ai exprimé au sujet de l'autonomie communale.

§ XIII. — *Dépopulation, infanticides, système cellulaire.*

J'ai les statistiques sous les yeux ; croirait-on que nous avons aujourd'hui, en l'an de grâce 1887, huit de nos départements moins peuplés qu'au commencement du siècle? C'est à désespérer du pays ! L'armée du crime grandit tous les jours, parce que les campagnes se vident et que les ouvriers et habitants peu aisés des villes s'alcoolisent de plus en plus; voyez le rapport remarquable de M. Claude! On ne viendra à bout de cette marée montante que par l'application du système cellulaire qui donne d'excellents résultats chez plusieurs de nos voisins. Il faut rétablir les *tours* pour arrêter la progression toujours croissante des infanticides et dégrever de certaines taxes les pères de nombreux enfants.

§ XIV.— *Eglise et Etat.*

Voici une opinion qui, je le crois, fera son chemin : plus la République sera démocratique et sociale, plus l'Eglise devra rester étroitement attachée à l'Etat, à condition de remanier de fond en comble le concordat, la loi sur la police et surveillance des cultes, les congrégations religieuses, les biens de mainmorte. Ceux qui pensent autrement n'y voient pas plus loin que le bout de leur nez. C'est facile à prouver comme la lumière du soleil; j'y reviendrai plus tard.

§ XV. — *Relations extérieures, philosophie politique.*

Il y a une science internationale que je ne prétends pas avoir inventée, mais à laquelle j'ai peut-être donné un nom et qui doit présider à toutes nos relations extérieures. Je veux parler de la *philosophie politique*, laquelle est supérieure à la philosophie de l'histoire, parce qu'elle a, de plus que celle-ci, une vertu préventive. Une application justement pondérée de cette science nouvelle offre un moyen terme excellent pour se tirer d'embarras dans les cas les plus graves où la politique de sentiment ne crée que des dupes et celle des intérêts que des victimes.

§ XVI. — *Questions coloniales.*

Des stations, des points d'arrêt, d'escale ou de ravitaillement, des factoreries, des entrepôts, des lieux défensifs, *partout*, des colonies proprement dites, *nulle part*, tel est le système colonisateur et commercial de l'avenir. L'occupation du Tonkin est l'application et même absolument exagérée du vieux système. De plus, l'affaire en a été très mal menée et nous coûte horriblement cher. Je connais cette question à fond, j'ai même à ce sujet commis dans ma jeunesse un gros livre de 500 pages. Depuis trois ans, j'ai demandé vingt-quatre fois à être envoyé en Annam, j'y ai consacré la rédaction de quinze mémoires divers; j'ai dit vingt fois ce que le jeune roi d'Annam vient d'écrire à M. le Président de la République. Mais voilà!...je n'étais pas député, l'on ne m'a pas écouté! Les investigations de M. de Lanessan feront du bien à cette affaire et y jetteront un peu de lumière. Cependant il y a encore une façon *plus haute*, d'envisager les choses, que ne l'a fait l'honorable député. Je la dirai un jour.

En attendant, l'on peut poser en fait que les trois quarts des actes qui se sont perpétrés dans l'Annam et au Tonkin depuis trois ou quatre ans constituent un outrage sanglant au plus vulgaire bon sens, à l'équité la plus élémentaire et à la compréhension de nos véritables intérêts. On n'en sortira pas à moins de modifier complètement le système actuel, d'occupation au triple point de vue politique, militaire et commercial.

J'ai dit plus haut que mes efforts n'avaient abouti à rien, je me trompe. Voici, je crois, quelques facteurs récents que j'ai contribué à faire éliminer.

1° J'ai réduit à néant et comme dangereuse ou prématurée cette fantasmagorie d'Union indo-chinoise;

2° J'ai fait remiser ce projet d'emprunt de 50 millions dont les intérêts étaient gagés par les excédents fictifs de la Basse-Cochinchine;

3° J'avais demandé une réduction de 5 millions sur le budget du Tonkin, M. Rouvier l'a abaissé de 10, tout cela est déjà quelque chose.

§ XVII. — *Un dernier mot sur les finances de la République.*

Pour répondre au prochain volume de M. Félix Faure qui prétend justifier la progression écrasante de nos charges financières en donnant pour exemple l'élévation presque identique de tous nos budgets contemporains, je dirai ceci :

Cette thèse, bien que fort habile et bourrée de chiffres, paraît-il, est perdue d'avance. Car, ce que les autres pouvaient peut-être se permettre, nous, nous ne le pouvions pas avec une dette de 30 milliards et les dépenses exceptionnelles d'une invasion.

N'en déplaise donc à l'honorable député de la Seine-Inférieure, je déclare et répète avec tous les esprits impartiaux que depuis dix ans nos finances ont été conduites d'une manière lamentable, criminelle même.

ENCORE UN PEU DE POLITIQUE POUR FINIR

LE MANIFESTE DU COMTE DE PARIS

L'ensemble du travail qu'on vient de lire a été effectué par étapes successives du 20 avril au 15 septembre courant. Si dans cet espace de temps j'ai passé par différents états d'esprit, la faute en est moins à moi seul qu'à l'époque troublée que nous traversons. Il s'est produit et maintenu diverses équivoques qui, ayant redoublé mes angoisses patriotiques et financières, m'ont empêché de trouver dans l'aspect de la situation politique actuelle un sujet d'apaisement suffisant et comme un refuge possible à une attitude définitive.

J'avais déjà remis ma brochure à l'imprimeur lorsque est survenu le Manifeste du comte de Paris. Sans rien changer d'essentiel au bien fondé de mes démonstrations, cette pièce nouvelle demande cependant quelques observations contradictoires que je présenterai ici comme mes impressions de la dernière heure.

A la collection assez jolie d'injures, dont le document en question a été gratifié par plusieurs organes républicains, j'ai jugé qu'il avait fait une impression considérable dans les régions officielles et qu'il devait avoir un certain retentissement dans le pays. Il faudrait vraiment une autre brochure pour l'analyser et le discuter en son entier, ce n'est pas mon intention ; j'en dirai simplement quelques mots à titre de revue finale très sommaire.

Je me suis demandé tout d'abord si ce Manifeste ne venait pas deux ans trop tôt ; car, en le supposant aussi bon qu'on voudra, certes on l'aura oublié complètement d'ici à l'époque des élections ; l'incident aurait donc été un coup d'épée dans l'eau. Quoi qu'il en soit, il est certain que le comte de Paris aura contribué, sans le vouloir, à refaire la concentration républicaine. A ce point de vue, ses paroles sont la contre-partie fort nette du *mot décisif* que M. Rouvier n'a pas prononcé dans son discours du 18 août. C'est donc un véritable service que lui a rendu le prince d'Orléans.

Quelques légers remaniements ministériels vont être jugés nécessaires. Dans le but de faire revenir de leurs préventions les nuances extrêmes de la Chambre il faudra leur donner des gages suffisants et en rapport avec une attitude politique un peu plus accentuée. Mais dans cet ordre d'idées et pour rester sur le terrain même de ma brochure, on sait que j'y ai conclu à la *possibilité* d'une réconciliation entre le Gouvernement et le général Boulanger. Aujourd'hui le Manifeste Orléaniste en fait ressortir la *nécessité*. Ma démonstration est du premier degré, le dernier est du second et la complète.

Nonobstant cette prise d'armes, le parti conservateur peut-il faire encore bon ménage avec les diverses fractions républicaines, toutes nuances réunies ? En consultant l'esprit général dans lequel mon travail a été conçu, on peut répondre hardiment : oui ! sur le terrain financier, surtout là où deux années d'efforts ne sont pas de trop pour opérer un déblayement complet et nettoyer les écuries d'Augias. C'est ce qu'en d'autres termes le comte de Paris a traduit en disant que les conservateurs devaient défendre la fortune publique et ne pas chercher à aggraver les crises parlementaires dont la République a jusqu'ici donné le spectacle trop fréquent.

Une feuille républicaine a dit que maintenant le pays veut des économies, c'est vrai ; mais en même temps des réformes sociales. De celles-ci, tant que vous en voudrez pourvu qu'elles ne nous coûtent rien ! Je n'ai jamais dit autre chose au cours de mon travail. Arrangez-vous de façon à débarrasser le budget des 4 à 500 millions que nous dépensons *en trop* chaque année ; et, tout aussitôt, je suis avec vous pour reprendre la marche en avant du progrès économique et social.

J'ai eu, il y a six mois, l'idée de faire appliquer le système plébiscitaire à l'élection du Président de la République. A une époque où les pouvoirs publics n'ont plus l'air de savoir ce qu'ils veulent, et où ils vont, j'ai jugé que cette nouvelle pratique ne serait peut-être pas un mauvais essai à faire. Pourquoi ne pas prendre à chacun ce qu'il a de bon? En tous cas, il y a quelque chose d'approchant dans l'air. Voyez le comte de Paris! il l'admet pour sa nouvelle monarchie. Le prince Napoléon, plus généreux encore, vient d'ouvrir l'idée d'en user même en République, laquelle aurait ainsi à sa tête (ce sont ses propres paroles) un chef dont l'autorité émanerait d'un vote de la Nation. Moi, j'ai demandé qu'on en essaie avec le général Boulanger à cause de l'énorme popularité dont il jouit. On voit que tout cela se ressemble beaucoup.

On dispute encore sur la question de savoir si l'apparition du document royal doit affaiblir la situation de M. Rouvier. En tant que ministre des finances, aucunement ! A titre de président du conseil et chef de la politique, les uns disent oui ; les autres non ! Dans cette controverse, je suis d'autant plus à mon aise que dans ma lettre à M. le Président de la République j'ai indiqué un motif tout différent qui pouvait suffire à lui seul pour justifier le passage entre d'autres mains, de la présidence du conseil.

On parle d'une nouvelle série d'expulsions princières. Je n'approuverais pas cette riposte, qui serait d'ailleurs injuste. Cela ne mettra pas un sou de plus dans nos poches et ne donnera aucune garantie nouvelle à la République. La situation est aujourd'hui très claire, tout à fait dégagée pour tout le monde. Le pays a devant lui deux ans pour réfléchir à ce qu'il a de mieux à décider. C'est plus de temps qu'il ne lui en faut pour faire son choix entre tous ceux qui aspirent à conduire ses affaires. En attendant, que les républicains travaillent en paix de manière à mériter, si c'est possible encore, ses nouveaux suffrages et à arriver ainsi *bons premiers* avant tous les autres.

J'ai commencé ce travail en parlant du général Boulanger, il est assez rationnel que je le termine par lui. Voici donc un dernier trait qui clôture la série ouverte depuis quelques temps à l'égard de l'exilé de Clermont-Ferrand.

Le jour même où une feuille monarchique publiait le Manifeste royal, dans le même numéro, côte à côte pour ainsi dire, la même rédaction éreintait le Général et le tournait en ridicule en disant qu'il fallait le hisser en haut de la colonne Vendôme à la place de celui qui y figure aujourd'hui.

Si nous pouvions être accusés d'avoir commis quelques exagérations à l'égard du Général, des attaques comme celle-là nous justifieraient amplement. N'est-ce pas là la loi immuable des réactions et des extrêmes?

Vous avez cru devoir le placer là, eh bien! nous, nous le mettrons encore *plus haut* que vous et ainsi de suite jusqu'à la gauche... avec nous, vous n'aurez pas le dernier. Il paraît que la consigne est non pas de ronfler... mais de ne plus parler du Général... Ne vous en déplaise, j'en parlerai jusqu'à mon dernier soupir.

Vive le général Boulanger!

Vive encore la République!!

Vive toujours cette grande et noble France!!!

De Grammont.

Imp. de la Soc. de Typ. - Noizette, 8, r. Campagne-1re, Paris.

www.ingramcontent.com/pod-product-compliance
Lightning Source LLC
LaVergne TN
LVHW020346230826
846091LV00003B/1019

9782011750358